父|母|学|堂

好习惯成就好人生

一年级新生不可忽视的60个生活细节

钱诗金/钱 丽 编著

中国少年儿童新闻出版总社
中国少年儿童出版社
北 京

图书在版编目（CIP）数据

好习惯成就好人生 / 钱诗金，钱丽编著 . -- 北京：
中国少年儿童出版社，2019.3
（父母学堂）
ISBN 978-7-5148-5231-8

Ⅰ．①好… Ⅱ．①钱… ②钱… Ⅲ．①习惯性 – 能力培养 – 儿童教育 – 家庭教育 Ⅳ．① G781

中国版本图书馆 CIP 数据核字（2019）第 008939 号

HAO XI GUAN CHENG JIU HAO REN SHENG
（父母学堂）

出 版 发 行：中国少年儿童新闻出版总社
中國少年兒童出版社

出 版 人：孙 柱
执行出版人：赵恒峰

策划编辑：白雪静　　责任编辑：邹维娜
编　　著：钱诗金　钱　丽　　责任印务：厉　静
绘　　画：戴梦怡　古丽尼革尔·库尔班　　责任校对：刘文芳
装帧设计：蔡　璐

社　　址：北京市朝阳区建国门外大街丙 12 号　　邮政编码：100022
总 编 室：010-57526070　　传真：010-57526075
编 辑 部：010-57526332　　发 行 部：010-57526568
网　　址：www. ccppg. cn
电子邮箱：zbs@ccppg. com. cn

印刷：中青印刷厂

开本：720mm × 1000mm　　1/16　　印张：12.25
2019 年 3 月第 1 版　　2019 年 3 月北京第 1 次印刷
字数：160 千字　　印数：1-8000 册

ISBN 978-7-5148-5231-8　　定价：31.00 元

前言

小事情蕴含大道理。

小细节成就大人生。

推动世界的手是父母的手，改变孩子一生的教育是习惯教育。而习惯教育要从行为细节入手。

父母应该给孩子的最重要的东西是什么？

吃得精细，穿得时尚，用得名牌，行得有车？

“可怜天下父母心”，今天的父母都想着能给孩子最好的，但又常常把自己曾经渴望而没有得到的物质条件当成了最重要的。

其实，给孩子提供最好的衣食住行条件和学习用品，并不是最重要的，而是要在有爱又有约束的环境下有效地给予引导，让孩子养成良好的习惯才是最为重要的。

什么是习惯？习惯就是人的行为倾向。也就是说，习惯一定是行为，而且是行为的自动化。它从养成时，就会伴随人的一生。

习惯教育不是舶来品。早在春秋时期，孔子就提出了“少成若天性，习惯如自然”的观点，就是说人在小时候养成的习惯会像人的天性一样自然、坚固，甚至变成一个人的天性。现代教育家陈鹤琴先生也说过：“习惯养得好，终生受其益；习惯养不好，终生受其累。”叶圣陶先生更是一针见血地指出：“教育就是培养习惯。”

古今中外，这些教育家们无不指出孩子的习惯教育和培养会影响孩子的一生，甚至可以说会改变孩子的一生。世界上第一个飞上太空的宇航员名叫加加林，他之所以被选中为进入太空的第一人，离不开一个他儿童时代母亲教给他的生活小细节：不让他穿着鞋踩在凳子上，因为这是个坏毛病。当苏联决定发射第一艘载人宇宙飞船，需要挑选第一个进太空的人选时，几位宇航员被邀请去参观即将发射的飞船。进舱门的时候，宇航员一个个踏入舱门，在飞船内兴致勃勃地参观。这时，只有加加林一个人蹲下来把鞋子脱下才进去。他觉得，这么干净、这么贵重的太空舱，怎么能穿着鞋进去呢？小时候妈妈连凳子都不让穿着鞋子去踩踏，何况这是宇宙飞船的太空舱啊？就这样一个小动作，一个生活中的小细节，却让飞船的主设计师看到了，令他非常感动。在主设计师的推荐下，加加林最终成了第一个飞上太空的宇航员。所以后来也有人开玩笑说，成功从脱鞋开始。其实这句话的真正意思是，成功从好的习惯开始。

当孩子们背上了崭新而又漂亮的书包，从幼儿园小朋友成为一年级新生时，他们是很高兴的。可是没过几天，新鲜劲就没有了，觉得上学其实没有在幼儿园开心。

无论对孩子还是对父母来说，新生入学都是一个非常重要的人生节点。

在当今这个“分数至上，考试第一”的时代里，父母们应回归教育的本质，从孩子最基本的好习惯培养起。而好的习惯培养，就要通过生活中很小的细节做起。

要想让孩子们在学校这个新环境里学会把握自己，积极地学习和自觉地去完成作业等各项任务，达到学校规定的学业标准，父母们需要重点关注，及时配合，从孩子的行为细节入手培养。

在我们的教育中，特别是家庭教育环境中，习惯教育往往被很多父母所忽视。大多数父母更关注孩子考试的成绩，以及在班级的考试名次，甚至是课外兴趣班的考试分数等等，却不在乎孩子在平时是否尊重别人，出门是否谦和有礼貌，还有其他一些为人处事的基本习惯。结果是渐渐让孩子成为一台学习机器，而单单忘记了做人的根本。当孩子成绩不理想时，他们又总是盲目地给孩子请家教、报课外辅导班，却从不观察一下孩子是否养成好的习惯，包括好的学习习惯，最后往往是金钱和精力都投入很多很多，而孩子的成绩却不见起色。这种本末倒置的教育，只能带给父母和孩子双重失败。

习惯教育的养成需要持之以恒，但是许多孩子却不能坚持到底。

一般来说，父母培养孩子的良好习惯主要在于坚持四条：一是严格要求，对孩子的要求一经提出，就必须坚决去做到，不可以放松；二是反复练习，习惯养成不是一朝一夕的功夫，要反复练习；三是提供条件，习惯养成需要一个过程，在这个过程中，如能及时提供相应的条件，有助于孩子较快地养成好的习惯；四是以身作则，在培养孩子具备某种好习惯的过程中，父母的表率作用很重要，所谓“谁家的孩子像谁”，说的就是这个道理，“己不正，不能正人”，这句话用在好习惯的养成上也很合适。

好习惯是人一生的财富。只有努力培养孩子各方面的良好习惯，他们才能成为未来社会真正需要的人才，也才能在未来的竞争中处于有利的地位。

良好的行为习惯，尤其是良好的生活习惯的养成，主要依靠家庭教育。在孩子一天的行为中，大约有 95% 的行为是习惯性的。所以，父母要在一件一件的具体事情上去引导，不包办、不替代，多给孩子实践、锻炼的机会，鼓励孩子去做力所能及的事。

首先，父母要了解孩子应当养成哪些良好的生活习惯。通过阅读《小学生守则》和《小学生日常行为规范》等内容，可以帮助父母了解孩子应当养成哪些生活习惯，进而结合家庭生活对孩子进行正确的引导和教育。

其次，父母对孩子提出的生活要求应该具体明确，并且前后一贯、家校一致。古代的蒙学教育要求儿童“居处必恭、步立必正、视听必端、言语必谨、容貌必庄、衣冠必整、饮食必节、读书必专一……”就非常具体，对今仍有启发。我们现在经常可以看到这样的现象：孩子在学校吃午餐时不会挑食、浪费，但回到家里就不一样了，表现出“两面性”。其实，孩子的这种现象，主要是因为这个时期老师在他们心目中具有非常高的威望，甚至远远超过了父母。这就要求家庭教育应该与学校要求保持一致，而不是相反。家庭是孩子的第一课堂，家庭教育是孩子的第一教育，父母就要担当起第一课堂第一教育的重任。

好习惯将成就人的一生。人的成功不仅需要能力，更需要能助人成功的好习惯。著名教育家詹姆士说：“播下一个行为，收获一种习惯；播下一种习惯，收获一种性格；播下一种性格，收获一种命运。”

好习惯才有好人生。

好习惯将影响和决定孩子的一生。

钱诗金　钱丽

2017 年 3 月

目录

克服孩子赖床的毛病

事件看板

“东东起床了！东东起床了……”

随着老师、小朋友一声声催促，东东慢慢睁开小眼睛。但是他还不肯起床，总是要到小朋友全都起床了以后，再慢慢穿衣服、穿裤子，总要最后一个走进活动室。有一次，为了让东东起床快一些，老师在催促了几遍以后，决定先帮他穿上衣服，好缩短他的起床时间。没想到，小家伙衣服还没穿好就先哭了起来。任凭老师怎么哄，他还是哭了很久。直到小朋友都穿好衣服了，东东才哭完了，走出午睡室时他又是最后一名……

成为小学一年级新生后，东东的赖床问题成了最令父母头痛的事。每天都要被叫上几遍，他还是迟迟不肯离开被窝。可是，妈妈越是着急，东东越是不想起床。即使被叫醒了，也是等妈妈一走开，他伸个懒腰又钻进了被窝。妈妈实在为难了：“东东你这是怎么了，再不起床上学就要迟到了！”

问题底片 ?

其实，孩子醒后小躺一会儿不是毛病，但超过三分钟还迟迟不肯起床就是赖床。当孩子有了赖床的毛病，父母应该从以下几个方面找到相关的原因：

1. 有些父母在孩子就寝时间一到，就急着轰孩子上床睡觉，可自己的眼睛却还猛盯着电视电脑，或还在忙东忙西。其实，父母这种做法只会让孩子产生“孤单”或“不公平”的感觉，甚至让他产生“为什么只有我要去睡觉”的疑问，加上孩子对成人的活动充满好奇，当然也就降低了睡觉的意愿。因此，只要到了睡觉时间，全家人最好都能暂停进行中的活动，共同帮助孩子酝酿睡前的气氛。

2. 孩子睡午觉时间过长，或是在接近傍晚的时候才让孩子睡午觉。如果让孩子在中午睡得太久，孩子很容易到了晚上变成精力旺盛的“小魔鬼”，等他折腾得筋疲力尽入睡后，隔天早上势必又得花一番工夫才能把他叫起来。所以父母们不要让孩子午觉睡得太久或者太晚。

3. 孩子有时会因为身体不适或情绪上的不稳定而影响睡眠质量。身体状况比较容易观察，但孩子因情绪上的问题也会辗转反侧。有些孩子因为年纪还小，表达能力还不是很好，如在学校或生活中受到挫折，不懂得该如何表达，再加上父母没有注意，其不良情绪就会直接干扰孩子的睡眠。

专家建议

1. 让孩子决定自己的作息时间。和孩子讨论一下就寝、起床的时间，对自己的作息时间做出符合其自身特点或兴趣的安排。只要提议合适，父母就应尽量接受，并让孩子知道对自己的安排负责，最好还有承诺，或请父母监督实行。

2. 可爱铃声助醒。陪孩子一起买一个闹钟，让他挑选自己喜欢的铃声。那么，孩子早上听到闹钟响起的声音时，可以减少被父母催促的不悦感。

3. 营造起床气氛。叫孩子起床的时候，可以随手播放一些轻松的音乐，或者放一些孩子喜欢听的故事 CD，让孩子在轻松的气氛中醒来，缓解被吵醒的不快。

4. 睡前准备就绪。睡前要求孩子整理好自己的书包，把第二天该带的东西都准备好。如果天气寒冷，也可以先把第二天要穿的内衣当成睡衣穿，第二天早晨起床后只要帮孩子套上毛衣、外套即可。这么做不但可以避免孩子在穿脱的时候受凉，也可以减少起床后的准备时间。

5. 理清先后顺序。父母起床后，应先把自己的问题都处理好，再叫孩子起床。这样父母就不用一边急着处理孩子上学前的准备工作，一边还要忙着整理自己上班前的琐事。在时间有限的情况下，父母心情急躁，与孩子之间就很容易产生摩擦。所以，先处理好自己的事情，或是以孩子优先，都可以为彼此节省不少时间。

6. 给予弹性赖床时间。父母可以将孩子房间里的闹钟调快 10 分钟，这样，孩子在床上赖够了 10 分钟也会自己爬起来的。

7. 改变唤醒方式。比如早晨拉开窗帘让卧室里洒满晨曦，利用自然光线的变化来“唤醒”孩子；也可以轻挠孩子的脚丫儿，同时嘴里念叨，“这根脚指头醒了，那根脚指头醒了，小脚丫儿醒了，小胖腿也醒了”，这种分段式唤醒法往往会令孩子愉快地“咯咯”笑着醒来。

8. 奖红花。就是在孩子的书桌上摆一本台历，孩子每天准时起床就表扬他，并在台历上画上一朵红花；如果孩子不能准时起床，就画上一朵小蓝花。如果孩子能积满一个月的小红花，可以适当对他进行奖励。

9. 让孩子叫父母起床。人的行为准则都是追求快乐、逃避痛苦的，因此要让孩子准时起床，就要让孩子在准时起床中找到快乐。不妨倒过来做，由孩子叫爸爸妈妈起床。妈妈可以非常信任地对孩子说，“孩子，爸爸妈妈知道你长大了。现在爸爸妈妈每天都很忙，睡觉比较晚。以后每天早上由你叫爸爸妈妈起床好吗？”这样可以令孩子肩负着一种责任感，而妈妈又应不失时机地夸奖孩子能干，使孩子获得快乐与自豪感。

帮助孩子克服磨蹭行为

事件看板

方女士的女儿吃饭做事都是慢吞吞的。每次如果吃饭不限定时间，必定超过一个小时。吩咐她做什么事情，准备工作好像总是做不完，忙活半天也不能进入主题；等到准备工作全做好了，时间也过得差不多了。早上起床准备上学，时间多紧张啊，无论方女士怎么催，可女儿总是慢腾腾的，一边洗漱一边玩，一边吃饭一边说话，看不出一点儿紧张的样子。一年级作业是很少的，如果认真专心地写，十几分钟就完成了，可她每次都要耗上一个小时。写一个字或一个拼音就抬头说几句话，或装模作样地“思考”一下问题，然后玩玩铅笔橡皮什么的，

半天再写下一个。诸如此类，无论做什么事都是这样，一点儿时间观念也没有，慢慢悠悠，一边做一边玩。看到女儿这个样子，方女士真的是很着急。

每天都是方女士接送女儿。放学了，同学们都排队出来了，可女儿那边书包还没收拾完，有时作业也没记好。方女士说过多次也不管用。最要命的是，渐渐竟然磨蹭到考试做不完题，成绩当然也好不了……

问题底片 ?

孩子做事磨蹭的原因：

1. 缺少时间概念。孩子做事爱磨蹭，通常是因为他们的时间概念比较模糊，不像成人那样具有时间紧迫感。一般而言，孩子并不知道如果他把一件事尽快做完之后会有什么更好的结果，也不认为自己慢有什么不好的。 比如吃饭，成人都会知道，不快点儿吃饭就凉了，吃完饭还有其他什么事；而孩子不会明白这许多，当然他也不知道吃得磨蹭一些究竟有什么不好。

2. 天生的慢性子。有一些孩子明显地比其他同伴动作慢，不论在什么情形下、做什么事情都慢，即便是有强烈的外界刺激他仍然是行动迟缓，慢条斯理，紧张不起来。这类孩子的神经类型往往属于相对安静而缓慢型，这是他一生都不太可能改变的先天气质。正所谓是，江山易改，本性难移。家长首先必须接受这样的现实，然后再想办法慢慢改变。

3. 注意力易转移。孩子的注意力很容易受到周围环境的影响，旁边有什么好玩儿的事就会让他忘记了初衷。正在吃饭时，窗前有小鸟飞过，孩子就扔下饭碗跑去看个究竟；本来要去刷牙，可是走到浴室里发现有一池水，孩子就

开始玩起来了，刷牙当然就放在一边了；正画图的时候，忽然听到电视里的声音，孩子就会丢下画了一半儿的画，跑去看个究竟。于是，孩子在做一件事时，就出现了边干边玩、慢慢吞吞的样子。

4. 不感兴趣。做喜欢的事动作很快，做不喜欢的事就动作慢吞吞，这是很多小孩儿的毛病。孩子想到室外去玩，可妈妈非让他把玩具收拾整齐，孩子心里不高兴但又不得不干，自然就会磨起洋工来；吃饭的时间到了，可孩子在饭前喝了许多饮料、吃了许多零食，他一点儿饥饿感都没有，对吃饭不感兴趣，当然就会磨蹭了；孩子的学习积极性不高，学习兴趣低落，每天都是硬着头皮在应付家长，你让他读书、写作业，他肯定是疲疲沓沓、能拖就拖。

5. 动作不熟练。有时孩子磨蹭不是他故意的，而是因为他对所做的某件事动作不熟练、缺少操作的技巧。孩子就是孩子，他的思维能力和身体协调能力尚处在发育之中，他在做事情时可能不知道如何安排做事的先后顺序，如何以较少的时间来做更多的事情；也可能他还没有掌握好穿衣、洗漱等的基本生活技巧，比较“手笨”；还可能在做作业时对知识掌握得不牢，许多题目做起来很困难。

6. 缺乏安全感。有的孩子胆子比较小，与陌生人在一起相处会有不安全的感觉，因此这类孩子总是希望与自己的亲人，尤其是爸爸妈妈多待一些时间。为了达到这个目的，孩子也会表现得慢吞吞的。比如，有的孩子不愿与学校老师和同学相处，而希望和爸爸妈妈更多地待在一起，在上学的路上，他的动作就会变得特别慢，以此来延长与爸爸妈妈在一起的时间。

7. 缺乏自信心。有的孩子在做事情时缺乏足够的自信心，总是担心自己做不好，怕自己出错，所以做起事情来也是瞻前顾后、畏畏缩缩的，速度自然就快不了；然而越是担心、越是害怕，孩子的动作也就越慢。如果大人这时候再在一旁不断地责备、催促，孩子的自信心又会受到影响，他的动作不仅快不起来，反而会变得更慢了。

8. 家长包办。一些家长对孩子的全方位包办，也造就了孩子的磨蹭：嫌孩子吃饭慢，妈妈就把饭碗端过来喂孩子；嫌孩子洗脸耽误时间，妈妈就帮孩子洗；嫌孩子书包整理的工夫太长，妈妈就天天帮孩子整理。殊不知，这样时间长了以后，孩子会渐渐养成更加磨蹭的习惯，他的惰性会越来越强，依赖性也会越来越大。因为孩子知道，吃饭、穿衣、洗漱、整理等等事情，自己无论怎么磨蹭都可以，反正到时候爸爸妈妈会来帮他的。

9. 与家长消极对抗。现在有些父母“望子成龙”或“望女成凤”心切，很少给孩子空闲的、可以自由支配的时间，孩子一件任务刚刚完成，家长下一件任务又布置出来了：家庭作业做完了还有额外的作业，额外的作业做完了还要练琴、画画……反正不能闲、不能玩。于是，孩子便想出了磨蹭的招数，做事情还不如慢点儿好，反正做得越快任务也就越多。

专家建议

有些孩子做事总是慢吞吞的，父母催一催，孩子动一动。为此做父母的很着急，可又不知道该怎么办。不必焦虑，不妨从以下几方面做起：

1. 可以引导孩子与自己比赛。父母可以先帮孩子设计一张“比赛”成绩表，记下最初的时间，然后，每天记录实际完成的时间。如果比以前有进步，就给予奖励；如果没有进步，保持原状，或者退步，就不给予奖励。而且要让孩子先从简单容易的事情做起，逐渐向比较困难的任务进发，一直到达合适的标准为止。这种方法，目的在于缩短完成每一件事情所需要的时间，是解决孩子动作慢的直接办法。在此期间，还要对孩子解释时间的意义，激发孩子进步的欲望。

2. 多一些鼓励和奖赏。表扬和鼓励比批评和指责能更有效地激发孩子的积极性，孩子受到的表扬越多，对自己的期望也就越高。一般孩子都较为看重来自外界的承认或认同，所以，要想让孩子不再那么磨蹭，父母改变对孩子的评价是必须的。如果父母能经常对孩子说："你如果再快一点儿就更出色了""你现在比过去有进步了""你看你做得多快""做得真棒，加油啊""真好，现在用不着老提醒你了"，孩子便会受到积极的外部刺激，而这些真诚的鼓励是能够打动孩子的，他为了不让父母失望，下次做事就会有意识地提醒自己快点儿。另外，为了使孩子更有动力，当他做事的速度比以前加快时，或者当他达到了一定的要求时，父母还可以适当地给予一些物质奖励，比如给孩子加一个小红星，带孩子外出游玩，给孩子买他想要的玩具等等。用鼓励和奖赏来"催"孩子做事，往往能够收到很好的效果。

3. 让磨蹭付出代价。孩子只有在体会到由于磨蹭给自己带来损失之后，他才能够自觉地快起来。因此，让孩子为自己的磨蹭付出代价，让他自己去品尝磨蹭所导致的后果，不失为一个改掉孩子磨蹭毛病的好方法。比方说孩子早晨起床后磨磨蹭蹭的，家长不要急，也不要去帮他，可以提醒孩子一下"再不快点儿可要迟到了"；如果他依然在那里磨磨蹭蹭的，不妨任由他去，不必担心孩子上学会迟到。其实这样做恰恰就是要让孩子亲身体验上学迟到的后果，如果当他真的迟到了，老师肯定会询问他迟到的原因，孩子挨了批评后，就会认识到磨蹭给自己带来的害处，几次以后孩子自然就会自己加快速度。

4. 让孩子收获"快得值"。孩子只有感觉到做事快对他自己是有好处的，感觉到做事快是值得的，他的动作才能够"快"得起来。家长要珍惜孩子由磨蹭变快的好举动，要把孩子节约出来的时间还给孩子，在孩子较快完成了任务之后，就要给孩子自由安排生活的权利，让他可以用省下来的时间做一些自己感兴趣的事情。

让孩子改掉马虎毛病

事件看板

丹丹是个聪明可爱的孩子，可就是有一个毛病，无论做什么事总爱丢三落四。自从她上学后，家里的铅笔是一捆一捆地买，每天早上她带几支出去，可晚上回来就都不见了。丹丹妈觉得不能总这样下去啊，就对女儿说："如果铅笔再丢的话，你就只能用自己的零花钱去买，妈妈以后不再给你买铅笔了。"第二天，女儿的铅笔果然都带回来了。但是没过多少天，丹丹又是两手空空地回来了。

此外，丹丹还经常在早晨去上学的时候找不到红领巾，写作业的时候找不到文具盒……妈妈跟她怎么讲，可这个马虎的毛病就是改不了，实在让人头疼。

问题底片 ?

孩子马虎的毛病，多半是家长没能在他小时候多加培养，没有给他养成细心认真的好习惯所导致的。粗心的毛病容易给人带来麻烦，不但会影响孩子的学习成绩、升学考试，还有可能养成日后的不良习惯或性格。

引起马虎的原因，多与家长和孩子两方面有关系。对家长而言，如果在孩子幼年时期没有对他们进行过系统的训练，或是常让孩子一心二用，边看电视边写作业，或是让孩子在一个嘈杂混乱的环境里学习，都有可能养成他粗心马虎的毛病。主要原因是孩子年龄小，对周围事情好奇心强，在做事情时容易转移目标，三心二意就会造成孩子粗心做事、马虎忘事的结果。

专家建议

引导孩子克服马虎的毛病，需要家长、老师的共同指导和帮助。尤其是才上小学一年级的孩子，他们还不能完全适应新的校园生活，对大量的课程和考试还都很陌生，还没有养成应对考试的良好习惯，这就需要家长和教师在日常的学习生活中多加引导。下面为焦虑的家长们提供几种措施，谨供参考：

1. 培养孩子的责任心。责任心是任何人要做好一件事情的前提，可以说如果没有责任心，对什么事情都敷衍了事，草草出兵，草草收兵，必然做不好。有了责任心以后，才会谨慎从事，细致认真，不敢有半点儿马虎。要培养孩子的责任心，光靠说教不行，而要靠平日里的习惯培养。比如，在家里父母可以给孩子派一样家务劳动，让他负责扫地或洗碗，这就是他的责任；干好了要给予鼓励或奖励，干不好家长不能客气，应要求他重来一遍，直至干好为止。总之，就是让他对自己的一摊子事负起责任来。这样，有助于逐渐地培养起孩子的责任心，在遇事时不至于敷衍了事。

2. 培养孩子整齐有序的生活。许多生活习惯都是孩子长期培养起来的。如果一个孩子生活在杂乱无章的家庭中，什么东西都可以乱放，没有稳固的作息习惯，就会使孩子养成粗心、马虎、无序的生活习惯。所以，建议家长们在家庭中创造一种有序的生活，做什么事情都要尽量有规律，不要打破“陈规”，家里的摆设要整齐，有固定的放置地点。在生活上养成了谨慎的习惯后，孩子在学习上也会逐渐细心起来。

3. 培养孩子集中精力的好习惯。有的家长，不管孩子是不是正在学习，都会把电视机开着，或者自己打牌搓麻将。这些做法都会造成对孩子的干扰，使他不能集中精力去学习，久而久之，孩子便养成了一心二用的坏习惯。有的孩子放学回家以后，总是先打开电视，然后边看边写作业，或者戴着耳机一边摇头晃脑地哼着歌，一边做习题。试想，这样怎么能聚精会神呢？不马虎出错才怪！

4. 培养孩子认真的习惯。有些孩子马虎，是和性格特点分不开的，尤其是性格外向的孩子更容易有马虎大意的毛病。所以，更需要家长在对孩子性格培养上多下功夫，引导他们遇事认真、谨慎。

孩子不好好吃饭怎么办

事件看板

有一天的午餐时间，刘女士照例端着女儿静静的小碗追着静静："再吃一口，再吃一口。"静静丝毫不领情，一边嘴里抗议着："不吃！不吃！就不吃！"一边扭头就往大门口跑。半个小时过去了，静静的小碗里依然剩了很多的饭菜。刘女士无可奈何地叹口气，将小碗收了起来。下午2点左右，静静饿了，堆在茶几上的零食成了她的美味佳肴。这时不需要人劝，也不需要人追着喂，静静趴在那堆零食面前大快朵颐。

静静已经6岁了，她不爱吃饭几乎成了刘女士每天最头疼的事情：一到吃饭的时间，女儿总是不专心，好像一心惦记着玩似的，刚吃两口就要下饭桌。无奈之下，刘女士只能带着静静去医院的儿科检查。医生听完她的介绍后，让她将静静每天吃的东西写下来。结果，刘女士发现静静一天吃的东西并不少，其中约七八成是被蛋糕、饼干等零食所占据。与刘女士一样，很多家长总是希望孩子能多吃点儿饭。其实，孩子已经吃得不少了，年龄小食量又有限，零食吃多了当然就不爱吃饭了。

问题底片 ?

一般来说，孩子不好好吃饭可能由于以下原因：

1. 摄食过量高蛋白。不少家长觉得只有孩子吃进大量的高蛋白食物才有利于他的成长，于是，总是千方百计想要让孩子多吃一些。孩子摄食过多富含蛋白质的食物，因为不能及时消化，没有饥饿感，所以就没有了食欲。

2. 吃零食过多。有的父母只要是孩子喜欢吃的东西就给他买来一大堆，结果还不到吃饭时间，孩子就已经吃零食吃饱了，到了真正吃饭的时候自然就没有了食欲。

3. 吃饭时间过于随意。有的父母安排孩子吃饭的时间十分随意，常常是孩子想吃就吃，或者什么时候想起来，什么时候给孩子喂上几口，这些都会影响到孩子的饮食习惯和规律。

4. 缺乏良好的就餐习惯。有的父母对孩子就餐要求不严，孩子常常边吃饭边看电视，或者边吃边玩，结果注意力容易被分散，甚至让孩子根本就忘了自己在吃饭，时间长了就会形成不好好吃饭的习惯。有的父母性子急，见孩子吃饭磨蹭，就急切地抢过来喂饭，结果养成了追着喂的毛病等等。

5. 运动量不够。有的孩子比较安静，不太喜欢活动，因此热量消耗比较少，吃得自然也比较少。

6. 孩子有些积食。孩子的食欲有高峰也有低谷，所以不能指望孩子天天有好胃口。

7. 父母影响了孩子的食欲。处在逆反期的孩子对父母的一切说教都无法听得进去，并且存心要与父母对着干。如果父母批评孩子没有好好吃饭，他可能会因此生气，并且真的不再好好吃饭。此外，父母吃饭前或用餐时批评孩子，或者孩子吃饱以后父母却总以为他没有吃饱而强迫他继续吃，长期这样也会造成孩子厌食。

8. 孩子养成了挑食的毛病。孩子不好好吃饭还可能与挑食有关。再有，父母给孩子安排的食物数量与种类不够丰富，也可能使孩子对某些食品产生厌恶心理，导致他不好好吃饭。

9. 孩子食物过敏。某些孩子可能天生对某种食物过敏，因此只要尝到这种食物就会产生身体的不适。

专家建议

1. 用餐前尽量不要让孩子吃零食，尤其是甜点心、巧克力、冰激凌等，让孩子空着肚子等待吃饭，饥肠辘辘渴望吃饭。

2. 安静进餐，不要边吃饭边玩，或者边吃饭边看电视。

3. 饭前饭后避免孩子剧烈运动。剧烈运动过后是不能让孩子进餐的，甚至有的孩子容易因此造成腹部胀疼，影响食欲。

4. 养成孩子良好的就餐和饮食习惯。只有养成了良好的饮食习惯，就餐时孩子才会有饥饿感，并积极进餐。

5. 如果孩子实在不想吃饭，说明他确实不饿，那就不要勉强，饿一两顿不会把孩子饿坏，可逼迫孩子勉强地吃却会使孩子厌食。所以，尽量不要以强迫的手段逼孩子进食，而应该以鼓励或引导的方式让孩子感到吃饭也是一种享受。

6. 家长应以身作则，让孩子了解吃东西和用餐礼仪的重要性。也许某段时间内，孩子的表现不符合父母的要求，但只要持之以恒，他自然会接受这些良好的行为模式。

7. 父母要以轻松与理解的态度，培养孩子正常发育过程中的饮食行为习惯。在配合身心协调发展的前提下，提供营养丰富而且色香味都诱人的可口饭菜，使孩子的营养摄取达到均衡，并养成良好的饮食行为习惯。

预防孩子过早近视

事件看板

童童在最近的一次体检中被诊断出假性近视，令爸妈很吃惊。因为他们自己视力很好，应该不会有什么遗传问题；而且童童才上一年级，作业量也不多，每天除了看半小时的动画片，很少超负荷用眼。妇幼保健院的医生询问了童童的生活习惯后，推断是床头灯导致童童患上了假性近视。原来童童胆子小怕黑，夜间睡醒后见到四周黑漆漆，会吓得缩在被子里尖叫。童童的爸妈就在他床前安装了一盏小灯，这盏小灯真的就能让童童不哭不闹睡到天亮，于是每天晚上童童卧室的床头灯一直亮着。童童的爸妈万万没想到，这样做竟让儿子患上了假性近视。

问题底片

近年来，近视的孩子不仅日益增多，而且渐呈低龄化趋势，有的孩子不过五六岁，鼻子上就已经架起了小眼镜。许多家长对孩子的近视问题存在着诸多顾虑，有的更由于不听从医生的劝告，导致孩子视力进一步下降。

孩子出现近视的原因虽有不同，但主要多是孩子的不良用眼行为，如长期过近距离看书或看电视，在强光或弱光下阅读，以及开灯睡觉或躺卧看书等，但家长不能及时纠正这些不良用眼习惯也是造成孩子近视的不容忽视的原因。

专家建议

有人说“孩子的眼睛，父母的心灯”，这话不无道理。面对越来越多的孩子过早近视这一现象，父母可以这样做：

1. 控制孩子用眼的时长。在家里，父母一定要注意不能让孩子一次看电视时间过长，每次最好不超过 1 小时，每天不超过 2~3 小时为宜。面对游戏机的时间更不宜超过半小时，因为游戏机屏幕的亮度与对比度有可能远远超过电视机。

2. 要注意孩子看电视、看书时的姿势。父母要及时纠正孩子的不良坐姿，如趴着、躺着看书、看电视。因为这会导致孩子双眼受到的视觉刺激强度不等，使眼睛视觉发育的程度产生差异；同时还会造成控制眼球转动的眼部肌肉运动的不协调，严重的还可能产生弱视。

3. 注意孩子学习、玩游戏时的注视距离。注视距离过远或者过近，都可能导致眼睛的调节焦距系统产生疲劳，容易造成近视。

4. 注意孩子用眼时光的强度。光亮过强或者过暗，都不利于孩子眼睛的发育。人的眼睛仿佛就是一架精致的照相机，可以精确地调节进入眼睛的光的强度。过强或者过弱的光线都会使眼睛疲劳程度加大，增加近视发生的可能性。

5. 为孩子提供养护眼睛的必要条件。在饮食上，让孩子适量吃些富含叶黄素或 β－胡萝卜素等对眼睛具有一定保护作用的天然食物，如深绿色蔬菜、南瓜、玉米、胡萝卜等。

预防孩子驼背

事件看板

于海潮刚上一年级。要说这孩子，那可是一个爱学习的好学生。平时有事没事，就喜欢捧着书看。要说爱看书，那可是一个好习惯。可是不知怎么，妈妈越看海潮越觉得有些不对劲。

原来是海潮看书的姿势不正确，他现在总是自觉或不自觉地养成了不愿意直腰的坏习惯。要说这个年纪的孩子，那可是正在长身体的时候，如果总是这样，那还了得。于是妈妈经常督促他保持良好的坐姿，可海潮却说："我们同学都这样，开始会挺起腰来，但过不了多长时间就又觉得累了。"

听到儿子的解释，妈妈多少有些明白了。原来孩子觉得弯腰驼背，要比挺胸直腰舒服得多，所以自然是怎么舒服就怎么来了。可是，妈妈不明白，孩子怎么会有这种错误的认识和做法呢？

问题底片

现今的孩子面临的学业压力比较大，他们的书包重量也相应地增加了，背到肩上时间一长可能会造成驼背的现象。此外，受不正确的姿势影响，孩子的肌肉缺少支持力量也会造成驼背。

孩子驼背不单只是简单的形象问题，而是隐藏了潜在的危害，家长往往有所忽视。学龄期儿童正处在生长发育期，驼背不但形象很难看，以后对他的身高和心肺功能发育都有很大影响。如果不注意预防，这种习惯性驼背就会发展成固定性驼背。

7~12 岁的孩子最容易出现驼背现象，这个时期加以注意和纠正，可以有效地防止驼背成形，到了高中时期，形成不良习惯的孩子就很难被纠正了。

专家建议

对于学龄期的孩子，父母要引导他们保持正确的姿势：

1. 注意端正身体的姿势，平时不论站立、行走，胸部要自然挺直，两肩向后自然舒展，坐时脊柱挺直。看书、写字时不要过分低头，更不要趴在桌子上。人们所说的要“站如松、坐如钟”是有一定道理的。坐姿应该是保持挺胸、微微地收腹和两肩端平。建议桌子和孩子身体保持一定距离，不要太低，否则孩子就会使劲趴在桌上去写字、看书。合适的距离是正好顶到孩子坐姿的胸部位置，两只手就自然放到桌面上了。

2. 正在发育的孩子最好睡硬板床，不垫过高的枕头，以使脊柱在睡眠时保持平直。

3. 加强体育锻炼。认真上好体育课，做好课间操，促进肌肉力量的发展。

4. 在全面锻炼的基础上做矫正体操。加强腰背肌锻炼，尤其是后伸运动有助于抑止驼背的发展趋势。

5. 每天早晚躺在床上，肩部搭在床沿处，仰卧，头部悬空，用手向后做摸地的动作（注意安全）。白天休息时也可以这样做。持之以恒，慢慢地情况就会有所改善。

6. 体会矫正姿势的要领。可以借用芭蕾形体训练的方法，脚跟并拢，双脚外开 180 度，成一字，挺直身体尽量以后背贴墙站立，这也是时装模特日常训练的方法之一。总之，只要是重心放在脚跟位置，就可以矫正驼背。此外，还可以将前脚垫高来进行矫正，比如用脚掌踩一本书（厚度 20 毫米以上）进行这样的经常性站姿练习，就可以逐渐矫正驼背。

不要让孩子的书包成杂货袋

事件看板

有一天，吴女士打开孩子的书包检查时大吃一惊，只见书包里面装有一大堆杂七杂八的东西：漫画书、小贴画、溜溜球、荧光笔、口香糖……书本仅占少数，更多的是一些与学习无关的东西，有些东西的名字吴女士叫不出来，也没有见过。

更有甚者，一天晚上，孩子的书包里发出一股难闻的异味，吴女士检查了很久，也不知道原因何在，最后才揪出祸根——书包最底层的小零食发霉了。

李先生也从来没有检查过儿子的书包，总认为书包里装的不过都是学习用品、课本、教辅资料什么的。直到有一天，他无意中打开儿子的书包才发现，书包里的书本脏兮兮的，格调不高的漫画书倒是塞了一大堆，许多废纸揉成一团，纸团里写的竟是一些乱七八糟的东西。

问题底片

许多家长从来不关心孩子的书包里装了些什么，这是不对的。因为教孩子学会整理书包是为孩子的健康着想。

其实过于沉重、过于脏乱的书包很有可能会成为一种伤害，有些孩子书包里乱七八糟的什么都有，如没有笔帽的彩色笔、玩具，甚至还有零食，书包变成了传播疾病的隐患根源。当沉重的书包压迫孩子的肩、背时，会影响血液的流动，拉伤肩部肌肉，甚至影响到孩子的脊柱发育。个别孩子还会把小刀子等危险品藏到书包里带到学校。

专家建议

父母应该这样做:

1. 孩子的书包里最好只装教科书、作业本、铅笔盒等学习用品，水瓶、面巾纸、沙包、小玩具等最好分类装在书包旁边的小袋子里，吃的东西最好不往书包里装。

2. 教孩子学会自己整理书包。家长要做到在头一天晚上睡觉前让孩子检查和整理自己的书包。课本和作业本一定要分开放，比如最好把作业本放在外层。课本可以按第二天上课的顺序放，先上的课书放在上面，便于取出。

3. 有的学校让学生自带擦桌子的抹布，家长最好给孩子准备一个小塑料袋，先把抹布装在小塑料袋里，再单独放进书包外侧的袋中。

帮孩子克服“节日综合征”

事件看板

在节假日里，最开心的当数孩子们了，因为可以跟着爸爸妈妈逛街，到饭店、亲戚家吃饭，各种好吃好喝的可以放开了享用。

节假日后，儿科门诊和急诊的候诊医生不时地听到家长诉说着近乎相似的原因：“昨天上街吃多了，吃杂了，今日出现腹泻”“昨日到公园里玩得满身是汗，今天就感冒了”“今天到公园里去，从高处跳下来，手臂骨折了”……

李女士的孩子君君，最喜欢吃香脆食品，在最近的一次节假日里，吵着妈妈带他到快餐店吃炸薯条、炸鸡翅，连续几天又应亲戚邀请去酒楼吃饭，什么红烧乳鸽、叉烧肉、炸排骨等让这孩子吃了个够。但几天过去后，君君开始出现咽喉疼、声音嘶哑等症状，最后连声音都难以发出，还伴有发烧、咳嗽。经医生检查，君君咽喉充血水肿，经过一周的针剂治疗后病情才好转。

问题底片 ?

节假日里，父母对孩子会比平时更放松一些。孩子的一些不良生活习惯就会凸显出来，出现所谓的“节日综合征”。每到节假日过后，医院里就会迎来孩子就诊的高峰。节假日期间阖家团聚，亲戚朋友互相来往，孩子的生活节奏发生很大变化，暴饮暴食会使孩子的肠胃受到一定的刺激，积食、厌食、腹泻、精神萎靡等症状层出不穷。为此，很有必要认真分析一下这个问题，为孩子和父母们打一次节前“预防针”。

在节假日接诊的病例中，小儿消化不良居于首位。的确，面对节假日里丰富多样的食物，孩子们缺乏克制能力，遇到好吃的东西就大吃特吃，将小胃撑得满满的。要知道，暴饮暴食会严重破坏膳食平衡，引起消化不良。更有甚者，还会引发急性胃扩张，伤害孩子幼嫩的肠胃，而后期的调理更将是一个漫长的过程。所以，父母要多从关爱的角度出发，监督孩子在用餐时做到饮食有节，食不过饱。

儿童气管异物窒息位居其二，各种零食，如瓜子、花生、果冻、糖果等是罪魁祸首。其实，并不是让父母们强烈反对孩子吃零食。让孩子适当地品尝适宜的零食，增添节假日饮食的乐趣未尝不可，但切记不要忘记饮食监护的责任。

不少父母常有“节日综合征”出现，使孩子也成了这些不良症状的受害者，其主要原因是在节日中，父母应酬多，结果让孩子一起跟着遭殃。如果让孩子陪着到处做客，聊天娱乐至深夜，将会打乱孩子平时的生活规律，影响身心的全面健康。例如孩子跟着父母天天应酬晚睡，第二天起不了床，只得将早餐和午餐合在一起吃，减少能量和营养素的摄入还是其次，打乱了孩子固有的生活规律才是大问题。在紊乱的生物钟里生活，孩子会表现出心情烦躁、郁郁寡欢等状况。

专家建议

家长要想帮助孩子克服“节日综合征”，以下几方面要特别注意：

1. 调整好作息时间，保证充足的睡眠。节假日过后，原有的生物钟被打乱，孩子大多处于缺乏睡眠状态，所以应在节假日过后，迅速调整作息时间。全家人做到在晚 10 时前上床睡觉，家长更要以身作则，关闭电视、熄灯，营造睡眠的环境，并坚持下来，尽快使作息时间恢复正常。

2. 适当运动和学习，不要长时间看电视和上网。节假日期间电视中综艺节目、电影、儿童片多，家长又忙于应酬，对孩子疏于管理，于是打电脑游戏、上网也占据了学龄儿童大部分的时间，所以，家长不妨利用节假日时间，带孩子到体育活动场所运动，如打羽毛球、游泳、滑雪、滑旱冰等，以转移孩子的兴趣和注意力。同时督促孩子每天坚持学习 1 小时至 2 小时，还可带孩子参观博物馆等。

3. 调整节假日饮食。注意指导孩子多饮白开水，少喝饮料，同时注意调整饮食种类，保证蛋白质、碳水化合物和维生素的合理摄入，避免过量摄入高脂肪、高蛋白食品，做到荤素搭配、均衡营养。

4. 要调整孩子的心态。节假日期间，家中成人亲朋聚会较多，常常疏于对孩子们的教育。家长要多关心孩子，注重与孩子的交流，多陪他们一起玩耍，使孩子的心态尽快调整过来。

不要让孩子边吃饭边看电视

事件看板

邱女士由于工作忙，孩子上学以后，就把奶奶接过来帮忙照料孩子的生活起居。可不承想，孩子在奶奶那里养成了吃饭时一定要看着电视的毛病。邱女士跟他讲道理，只要好好吃饭，吃完了就可以看电视。可孩子死活不答应，不看电视就是不肯吃饭。邱女士也曾经把他晾在一边冷处理，关掉电视。可是，孩子居然跟她僵持了整整一天不吃饭！真够倔的！最终，邱女士只能妥协放宽点儿条件："就看 5 分钟啊！""不！看 10 分钟！"每次，孩子都和妈妈讨价还价。邱女士真拿他没辙！

"哟，你怎么看个没完呢？好像被电视吸住了似的。"

"现在是吃饭时间了。"

“我要收拾饭桌了。”

“看你，饭没有送进嘴里去呀。”

…………

日常生活中，又有多少妈妈为了孩子沉迷于看电视而大伤脑筋。

问题底片 ?

不让看电视，孩子就不吃饭，这似乎成了多数家长最头疼的问题。特别是在晚餐时间，正是动画片播放的高峰期，许多小朋友便由此养成了在吃饭的时候必须看电视的习惯。

许多家长认为孩子吃饭时看电视只是生活习惯的小问题，其实边吃饭边看电视还是有不少弊端的。

一是孩子的食欲容易受到影响。不少家长会发现，孩子看电视看到专注时，嘴里的一口饭能含半天。还有些孩子没开饭前就嚷着肚子饿，可到了吃饭时却吃不下几口，其实多半是食欲受到了影响。除了生理原因可以影响食欲，外部原因也可以通过条件反射来增强或减弱食欲。孩子边吃饭边看电视时，注意力往往以电视内容为主，忽视了食物的味道，使本来已经出现的食欲受到抑制而降低甚至消失，久而久之还容易出现食欲不振、营养不良的现象。

二是对孩子的体重造成影响。许多孩子吃饭时盯着电视看，几乎是一动不动，吃完饭还继续赖在电视旁边不离开。这样做不仅不利于消化，还会埋下肥胖的隐患。

专家建议

那么，如何帮助孩子改掉边吃饭边看电视的坏习惯呢？

1. 要给孩子耐心讲清楚什么样的吃饭习惯是好的。在纠正孩子这一习惯时不可用过于强硬、粗暴的方式，以免孩子产生抵触情绪，甚至导致厌食。在劝导时要态度温和、循序渐进，克服急躁情绪或打骂行为。

2. 关掉电视再用餐。既然孩子不能合理分配注意力，那就只有在用餐时关掉电视机了。家长应该认识到，虽然自己能轻而易举地做到分配注意力，但孩子却做不到。因此，家长必须为孩子们做一个榜样，不要边用餐边看电视。

3. 电视节目是有时间安排的，也有节目表，家长可为孩子制订一份用餐和看电视节目的时间表。

4. 克服放任不管的想法和做法。养成一日三餐合理进食的良好习惯，是事关孩子健康成长的大事，家长不能掉以轻心。边吃饭边看电视是不好的坏习惯，家长应引导孩子早知道、早改掉。

孩子顶嘴怎么办

事件看板

不知从何时起，当黄女士要求6岁的儿子小德，做些像是收拾玩具，或是将玩具放到橱柜之类的事时，他都会大叫着说："不要！我不要做！"而且不管被问到什么问题，小德总是生气地大声回应，好像早已忘记礼貌的说话方式。

小德最爱说的字就是"不"，这却是他父母最不爱听的话。就因为他对被问的问题一概说"不"，他的父母甚至怀疑儿子有心智问题。"除了说不，难道你就不能说点儿别的吗？"他们这样问自己的儿子，结果得到的是小德一贯的答案"不"。

"我们家的孩子不准那样讲话！"小德爸爸大声说道，而他这样的处理方式只是让家里充满高分贝的吵闹声。有一次，两个大人突然意识到，他们对孩子吼叫的方式，可能就是造成孩子顶嘴的原因。因为小德似乎正是从他们那儿学到的。于是，他们很努力地试着表现出平静的态度，并且在儿子以快乐态度回应问题时，及时地多加赞美。"你能这样高兴地回答问题真是太棒了！"很快，当他们要求小德写完作业后自己把书本收起来时，他第一次回答："没

问题！”对这对父母来说，要控制住生气时的冲动并不困难，因为他们愈来愈少听到小德顶嘴了；即使听到了，他们也装作没听见。

问题底片

当孩子长到六七岁时，常常会表现出一些反抗父母的情绪，比如吩咐孩子去做某一件事时，他总是拒绝，甚至还会和大人对着干。爸爸妈妈不必太过焦虑，要知道，从心理学的角度分析，孩子的这个年龄段正处在一个心理反抗期。

处在这一时期的孩子，随着身心的成长发育，逐渐开始掌握人生的基本知识，一有机会便跃跃欲试，什么都想干。如果父母不了解孩子的这种心理，常以孩子还小为由，诸事横加指责，严厉禁止，甚至于当孩子要做一件事的时候，爸爸妈妈抢先代办了，那么就会引起孩子的强烈不满。加上随着孩子运动能力的增强，其内心世界也日益充实，开始有了自己的独立想法，并强烈希望通过行动来表现这些想法。但由于这些想法往往因为与成人世界的习惯发生矛盾而遭到父母的否定，于是，一些缺乏耐性的孩子为了发泄对成年人的不满，便以顶嘴等反抗的表现形式来应对。

只有了解了孩子反抗情绪产生的原因，才能正确处理孩子的这一反应。每个孩子在成长过程中都会出现反抗行为，一般来说，这是非常正常的，也是孩子健康成长的标志。这也表明孩子开始产生自主意识，试图了解周围的环境，建立自己的好恶观念，进而表达个人的内心需求。父母这时不应强硬地压制孩子的反抗行为，而是应该设法引导孩子舒缓内心的抗拒情绪，从而帮助孩子顺利度过反抗期。

专家建议

爸爸妈妈一定要记住：反抗行为是孩子成长过程中的必然表现，所以，不必对此过于着急上火。同时，大家可以试试以下的方法，帮助孩子和自己顺利度过孩子的心理反抗期。

1. 及时缓解孩子的不良情绪。情绪紧张的孩子更容易产生反抗心理。在孩子疲惫和饥饿的时候，不要布置他学习新东西或者强迫他做任何事情。相反要让他获得更多的休息，或者吃一些平常喜欢的零食，有助于缓解他的紧张情绪。

2. 及时的心理安慰和关怀。周围环境的变换会让孩子感到紧张，加重反抗情绪。比如，班里临时换了新老师，这时候有些孩子就会感到不适应，开始表现得烦躁不安。对此，成年人可以给他一些安慰或者设法转移他的注意力。

3. 适当地宽容孩子。孩子身体不舒服的时候通常表现为情绪低落，容易和父母对着干。父母要理解这一点，在孩子生病的时候不妨宽容他一些。

4. 对孩子的反抗行为要进行冷处理。如果孩子确实毫无原因地表现出抵抗行为，父母首先不要因为心急而发怒，要控制好自己的情绪，然后冷静分析孩子情绪变化的原因。这样做，对孩子、对父母自己都是很好的选择。

5. 必要时寻求心理医生给予帮助。孩子遵循自己生长和发育的规律，如果确实出现问题，也不能任由问题继续发展。易怒、情绪低落等确实是孩子成长过程中不可避免的特定状态，但是如果长时间表现出这种状态就不是正常现象了。这时，父母就应该及时寻求医生和专业人士的帮助了，可以带他去看看医生，查看是不是因为健康原因导致孩子的反常。

孩子的屁股打不得

事件看板

晚上，莲莲一个人在家里写作业，可是她写着写着竟然趴在桌子上睡着了。妈妈下晚班回来后，发现她没做完作业，于是凶巴巴地问她：“你怎么没做作业呀？”莲莲十分害怕，也不知道应该说什么，就没回答。这样一来，妈妈更气得火冒三丈，就对她说：“你准备好挨打吧！”莲莲不敢反抗，不然惩罚就会更重的。没办法，莲莲只好把鸡毛掸子放到妈妈手里，把裤子褪掉，乖乖趴在沙发上。妈妈还没开始动手，莲莲早就哭了。妈妈又说：“勇敢的孩子是不哭的。你要是再哭，我就再打得狠一点儿！”莲莲只好忍住了泪水。紧接着，那个鸡毛掸子就像上足了发条一样，狠狠地抽打在莲莲的屁股上。莲莲都快疼死了！每挨一下都像被铁钳子使劲夹了一下。莲莲又不敢哭，哭了妈妈就要打得更重了。终于，妈妈足足打了十下才放手！莲莲的屁股上都是红红的血印子，坐下去的时候都会疼。妈妈打完了还不够，口气更加严厉地警告莲莲：“如果你再像今天这样不做作业，惹我生气，我还会打你屁股！不要以为你是女孩子，我就会对你手下留情，网开一面！听见没有？以后看你还敢不敢不听话了？”莲莲怕再挨打，只好小声地说：“听见了。我再也不敢了。”

问题底片

很多家长认为孩子的屁股上肉多，没有大的血管和神经，打不坏，所以，当孩子不听话时，家长就选择打孩子的屁股。但儿科专家却指出：打孩子屁股除了不利于孩子良好性格的塑造，也很容易造成孩子皮下瘀血，如果打的位置不对，甚至会造成肾的损伤，更有甚者还会导致孩子瘫痪。

的确，在很多人的记忆中，小时候被父母打屁股是很平常的事。但是，如果打孩子屁股时位置把握不准就很容易伤到肾脏、脊柱等危险部位。处于生长发育期的孩子，身体各个器官比较娇嫩，一旦受到外力重击，很容易出现器官的损伤。

此外，家长在打孩子屁股时，一般都喝令其趴在床上或其他依靠物上。有的男孩受疼扭动，很有可能被床沿或依靠物损伤睾丸，最常见的是睾丸血肿或破损；打孩子屁股时，家长有时会生气地拉拽孩子的手臂，有可能因为用力过猛，使孩子的桡骨小头在环状韧带前下方脱位而呈脱臼状态，也就是医学上所称的“牵拉肘”；打孩子屁股时，有些家长由于使用质地坚硬的竹木片，或因打击力量过猛，会造成孩子臀肌局部血肿、血流不畅而发生坏死性炎症；打孩子屁股时，还有的家长在极度气恼中丧失理智，会下重力损伤孩子的梨状肌，挫伤坐骨神经，引起下肢麻木或疼痛；打孩子屁股时，更有些家长有可能失手而误伤孩子的尾骨，造成尾骨挫伤甚至尾骨骨折。因此在教育孩子时，家长要尽量避免使用暴力。

专家建议

聪明的父母应该这样做：

1. 避免以暴力方式惩罚孩子。不管孩子做错了什么事情，即便后果十分严重，家长都不应该对孩子施以暴力。因为这种做法不是教育，而是虐待孩子。

2. 破除不合时宜的陈旧教育观念。不少家长仍然信奉和坚持“不打不成器”“打是亲，骂是爱，不打不骂是祸害”等错误观念，以为只有多打骂孩子，孩子才能变好，结果却适得其反。

3. 理智对待，启发教育。当孩子有严重的不良行为时，家长要学会理智分析，冷静处理。既要严肃认真查找原因、分析责任，让孩子自己认识到问题的严重性，又要引导他知道如何去改正，不可重犯错误。这样，动之以情，晓之以理，让孩子有错必知必纠，学会为自己的错误承担责任。

不要让孩子沉迷电子游戏

事件看板

有位爸爸自己就非常喜欢玩电脑游戏，下班回家后常常往电脑前面一坐，玩起来就忘了一切。他那刚上小学一年级的女儿见爸爸玩得入迷，也来凑热闹。起初爸爸也没在意，没想到，她的劲头越来越大，渐渐玩上了瘾。有一回，女儿在爸爸下班之前就回到家，书包一丢，首先跑到电脑前玩了起来。爸爸回来走过去一看，啊，又是玩游戏，正带劲呢。爸爸强压住怒火，问：“思思，你作业做了没有？”女儿头也不回，随口答道：“马上做，就差几……”爸爸坚决不允许她继续玩下去。女儿噘着小嘴，对爸爸充满反感。后来，妈妈跟女儿定了个规则，每个星期的星期六可以适当玩一下，平时不许玩。思思勉强地答应了。

到了周六的晚上，思思打开电脑开心地玩了起来，过足了瘾。谁知第二天她又失信了，晚上又玩了两个小时的游戏。妈妈几次要求她结束游戏也不听，最后还是哭着收场。妈妈真有点儿后悔：不该让女儿这么早就接触了电脑，如果等她再稍大点儿，自控能力强些再接触就好了。

问题底片

电子游戏对小学生的吸引力很大，接触时间一长真的很容易上瘾。但想让孩子完全不接触电子游戏是很难的，电脑、手机、掌机、街机等，能玩游戏的电子产品几乎无处不在。游戏厅里花样繁多的游戏对孩子来说更是极大的诱惑。同样，在家里玩电脑游戏的孩子，也经常会沉迷在虚幻世界中，废寝忘食，难以自拔。甚至在上学路上、在学校里也是“手机、掌机伴我行”，根本无心听讲，以至于学习成绩直线下降。更让家长担忧的是，有些电子游戏内容不良，格调低下，充斥着色情、暴力等画面，对儿童是一种很坏的精神刺激。

虽然，有关电子游戏对孩子的影响的讨论莫衷一是，一些调查认为：电子游戏易使学生感到疲劳，注意力分散，易导致挑衅行为，有碍学习。同时，也有人认为电子游戏具有一定的挑战性，能锻炼儿童的反应力，训练手眼协调。但是，权衡利弊，大都会得出一个结论：沉迷电子游戏弊远大于利。

很多家长简单地认为，沉迷电子游戏那是孩子的问题，却没有意识到自己也有责任。如果有的家长自身就沉迷电子游戏，那对孩子的不良影响就更大。

专家建议

小学生玩电子游戏是一种普遍现象，关键问题是家长应该对孩子进行正确的教育和引导。

1. 耐心劝说。有些孩子玩起电子游戏竟会达到废寝忘食的地步，这是因为他们都有好胜心，不战胜机器、不超越同伴或不达到理想的过关成绩决不罢休。假如父母只是简单粗暴地禁止孩子去玩电子游戏，不仅达不到教育目的，反而会引起孩子的逆反心理。因此，父母要耐心地对孩子讲道理，告诉他们无休止地玩电子游戏不但有碍身体健康，而且还会严重影响学习和正常生活。这样做一般孩子比较乐意接受。

2. 采用注意力转移法。父母不妨用转移兴趣和注意力的办法来引导他们。譬如故作神秘地说："你听那边是什么声音在响？我们去看一看吧！"利用孩子的好奇心，让他不知不觉地放下游戏机跟过来。同时，还要注意积极引导孩子参加其他内容丰富、形式多样的活动，如玩积木、打球、画画等，让他们在愉快的活动中收获比玩电子游戏更有意思的体验。

3. 以身作则当好榜样。孩子直接观察家长的行为，并在不知不觉中进行模仿。因此，父母更要注意身教。假如爸爸妈妈自己就沉迷于电子游戏，那么孩子就会受到很大影响。所以，父母一定要节制自己的行为，凡是要求孩子不去做的，首先自己不做，为孩子做出表率。

4. 制定规则，养成习惯。父母可以和孩子一起制定几条玩电子游戏的规则，比如做完作业才可以玩，每次玩多长时间，每周玩几次，不能破坏正常作息规律等。孩子能遵守就给予表扬，违反则给予批评，以暂时停玩电子游戏作为处罚，以此来强化正常行为，抑制不正确行为，并逐步形成良好习惯。

正确对待孩子伸手要钱的行为

事件看板

张闽今年6岁，上小学一年级，聪明活泼，小点子也比较多。这一段时间，他会隔三岔五地问妈妈要钱。

周日那天，儿子两次跟妈妈提起："妈妈，你给我点儿钱呗！"

"你要钱干什么用？"妈妈根本没当回事一样"对付"着儿子。

"我要钱买小食品。"儿子倒是诚实地直奔主题，而且还理由充分地补充一句，"我们班的小朋友都有钱。"

"小食品都是垃圾食品。妈妈会给你买有营养、有益健康的食品。听妈的话，想吃什么告诉妈妈，小孩子是不可以乱要钱的。"

不想儿子眼泪哗地就下来了："人家小明和小兵都买着吃呢。"妈妈这时猛然想起同事曾说过不给孩子钱，他的孩子和几个同学同吃一根棒冰的事，只好无可奈何地掏出了钱包……

问题底片 ?

许多孩子看到他们喜欢吃的、喜欢玩的，就会向父母伸手要钱，父母们嘴上没说什么，可是心里也会有些疑问——这么小的孩子就学会伸手要钱好吗？

孩子小小的年纪就知道要钱，这不是偶然的。因为，孩子两三岁以后就开始与金钱打交道了。他们要吃冰棍和巧克力，知道得用钱去买。有时家长还会当着孩子的面，议论谁赚了多少钱，以为孩子小，不在意。其实，耳濡目染之下，孩子也会意识到钱的价值和作用。

因此，完全不让孩子接触到钱是不可能的，但随意地给孩子钱也是不好的做法，目前这两种现象都存在问题。

专家建议

家长应该有意识地培养孩子正确的金钱观和消费观，做法是：

1. 教孩子学会正确地管钱用钱。家长要在日常生活中善于引导，给了孩子钱，切忌对孩子用钱放手不管，哪怕只是一元钱，也要争取让孩子用得恰到好处：要向孩子讲明给钱的原因，启发孩子管好钱、用好钱，不随便乱花钱；增强孩子当个"小主人"的光荣感和责任感；要买什么东西，要求孩子事先要向大人说清楚，不能浪费钱；给予孩子一定的自主权，例如对孩子的学习用品和损坏别人东西赔偿所用的钱，以及帮助他人方面的用钱，由孩子自己决定。

值得注意的是，妈妈一旦发现孩子花了不该花的钱，千万不能动辄打骂，或停止给钱，这样会挫伤孩子的自尊心。此时，既要指明孩子在用钱方面的过错，又要鼓励孩子自立、自爱、自信，养成勤俭节约的好习惯。

2. 帮助孩子记好账，做好计划。对每次给孩子的钱，要帮助孩子在事先准备的记账本上记好。如积攒多了，孩子不便保管时，可单独存入银行，或父母代为保管。对孩子开支的每一笔款，也要帮助记好，并做好长远计划。这样不但能预防金钱对孩子的种种不利影响，而且能使孩子充分体会到理财的乐趣，培养孩子的正确消费观念。

3. 父母要把握“手头”松紧的尺度。给孩子钱，并不是纵容孩子乱花钱。父母既不能一分钱不给孩子，也不能想给多少就给多少。孩子向家长要零花钱，家长还是要慎重掏腰包的，掂量着给孩子。这倒不是吝啬，给孩子零花钱的多少，并不能用来衡量家长疼爱孩子的程度。有时可满足孩子的要求，有时则要打个折扣，有时就必须一毛不拔。把握分寸，有时候，多给可能会适得其反，少给也许恰到好处。

正确引导孩子看各类广告

事件看板

陈女士的孩子雯雯今年6岁了。有一次，她和小朋友们一起玩“过家家”。雯雯主动扮演医生，让其他小朋友扮演病人。她先拿着塑料听诊器在佳佳身上比画几下后，竟随口告诉佳佳：“你得的病是肾亏肾虚，应该服用‘蚁力神’。”在一旁看书的陈女士一听就愣住了，但也没有说什么。

轮到遥遥了，雯雯又拿起塑料听诊器，在遥遥身上“听”了一通，然后煞有介事地说：“你这病比佳佳厉害，是‘白带异常’，必须立即住院治疗。”陈女士听到这里，再也坐不住了，心想：这孩子怎么会知道这些东西？于是便追问女儿是从哪里学来的。没想到雯雯竟得意地告诉妈妈，是从广告里看来的。弄得陈女士哭笑不得。

又有一次，姑姑到家里来玩，免不了要逗侄女玩玩，就问：“雯雯，你这次考试考得好吗？”女儿歪着头看了姑姑一会儿就跑开了。陈女士忙追过去批评她说：“姑姑问你话呢，怎么不好好回答呀？”女儿神秘地一笑，再一次模仿着广告里的腔调说：“一般人我

不告诉她！”……

问题底片

一些电视广告带有明显的恶俗倾向和不良暗示，不仅让大人们看着尴尬，也会对孩子的心理健康造成一定的负面影响。

于是，家长一方面抱怨广告给孩子带来了不良影响，另一方面严格禁止孩子看这些广告。这其实是种因噎废食的做法。孩子因具有好奇心，越是被禁止的东西，他越是要想方设法去做去看，甚至偷偷摸摸去看去模仿，使得许多家长望“广告”兴叹，却不知道如何正确引导。

少年儿童是社会中的人，他们终究要走向社会，成为社会的主人。既然广告是现代社会中重要的商业活动之一，也是成年人的消费指导之一，那么对成长中的孩子们来说，不让他们接触广告，显然是不可能的。

专家建议

父母可以这样做：

1. 正确引导才是关键。六七岁的孩子突然说出“肾虚肾亏”“白带异常”等病症名称，从实际年龄来看确实太早了。但既然已经知道了，父母也没有必要着急、生气。因为大人的态度会影响孩子的观念，会让孩子错误地认为，自己说这些话就是犯了“天大的错误”。其实孩子并没有错，真正错的却是父母。父母完全可以从孩子的角度出发，在孩子已经知道这些专用名称的前提下，用正确的语言和科学的知识来引导他，让他知道这些只不过是病症的名称，而这些病症的由来又是什么……因此，父母在处理这种问题上，让孩子正确地理解，比强硬地遏制更有效果。

2. 有意识地限制孩子收看广告的内容，尤其是垃圾食品的广告。即便是在孩子收看的时候，也要耐心地告诉他，广告中的东西不一定都是健康的，例如垃圾食品就对身体有害，并不“时髦”。

3. 帮助孩子认识广告策略。比如告诉孩子，媒介广告一般都会广泛地采用名人效应等方式来推销自己的产品。认识这些策略，不仅可以让孩子不致盲目地受广告的蛊惑，还可以把广告当作一种艺术来欣赏，丰富他们的社会经验。

4. 用知识装备孩子的头脑。如果实在避免不了接触某种产品或相关的广告的话，比如因身体健康原因特别需要某种保健品，父母不妨和孩子一起学习一些这方面的保健知识，也可以到医院去请教医生，用科学知识装备自己，以免被广告误导。

5. 教会孩子“货比三家”。因为许多广告是针对同一类产品的。父母可以跟孩子一起比较这些广告，对比宣传产品的成分、组成、性能、质量、价格以及售后服务等，从中能够选择出最适合自己的产品。如果周围有人已经购买了自己正准备购买的产品，不妨向他求证，因为他人使用的经验有时比广告有更重要的参考价值。此外，要让孩子懂得正确利用广告进行消费，不仅能为家庭节省开支，更重要的是有助于孩子适应未来生活。

教育孩子不要怕看病

事件看板

叶女士的女儿刚上小学一年级，属于好动、外向的孩子。现在有一个问题困扰着叶女士，那就是女儿怕医生给她检查看病，而且很怕打针。由于女儿嗓子经常发炎嘶哑，叶女士需要带她去检查。每次带她去医院之前，叶女士都一再和她讲好了一定要配合检查，她也答应了。可是该到她检查了，她却非常害怕，不但不配合检查，还哭闹着躲到叶女士身后说：“妈妈，我怕。”叶女士耐心地给女儿讲了很多道理。其实孩子心里也明白，必须要让医生检查，但就是感到十分恐惧。虽然最后在叶女士的软硬兼施之下完成了检查，但叶女士知道，如果下次需要检查的话，女儿一定还是会害怕的。

问题底片

害怕看病，害怕吃药，甚至害怕打针输液——这是很多孩子的常见表现。孩子之所以产生“怕”的感受，一是耳闻目睹别人生病时痛苦、难受的表现让自己对治病产生恐惧，二是知道吃药或打针虽是为了把病治好，但惧怕疼痛和苦味的心理让他们对吃药或打针很反感，有抗拒情绪。另外，家长平时对孩子的溺爱也是孩子害怕看病的一个重要原因。

专家建议

父母应该积极地为减少孩子对看病的恐惧心理做出努力，具体做法是：

1. 教育孩子树立一种积极的态度接受医生的帮助。要向孩子解释医生的作用，父母可以这样讲：“记得去年我生病时，是医生的治疗才使我感觉好过一些，治好了我的病。我认为去找医生看病是个正确的决定，我感到很高兴。”

2. 帮孩子做好准备。在看病之前，不妨和孩子讨论看病的过程。对于不熟悉看病程序的孩子，要告诉他们看病时会发生哪些事情。即使是较大的孩子，也要帮他们回忆看病的细节，让他们从重复事实中得到安全的心理保证。

3. 可以教给孩子一些振奋精神的话来帮助他们放松。在看病前，帮助孩子练习说这样一些话：“这是位医术高明的医生。我会表现得很好的。这对我来说不算什么。”

4. 看病时，家长没有必要让孩子表现出“勇敢”的姿态。首先要告诉孩子，如果病人身心放松，不过分害怕的话，最新式的医疗器械极少给病人造成不必要的痛苦。然后，可以教给他两个小方法，帮助他完成从精神到身体的全面放松。一是深呼吸。人在紧张时，急促的呼吸减少了氧气摄入量，这会引起轻微的头疼、上气不接下气等紧张症状。有一种简单的办法可以使孩子在进入医生的诊室前平静下来，那就是先深深地吸一口气，然后再慢慢地呼出来。二是尝试想象。一种更能减轻紧张的方法，就是教他们躺在小儿体检台上时，想象一处轻松、有趣的地方——比如说足球场、湖边或游乐园——只要是能使他们感到高兴、不害怕的场所就行。这确实能有效减轻孩子在紧张情境中的不安。

改掉孩子爱“装病”的毛病

事件看板

爸爸妈妈发现，洋洋最近常说自己这里不合适、那里不舒服，可好多次都不是真的。比如：有一次他不想在学校吃午饭，就说自己肚子痛，老师只好打电话通知妈妈来接他回家。可回到家后他居然活蹦乱跳的，哪里有什么肚子痛？前一段时间，上体育课练习拍皮球时，他突然又蹲下了，说自己的腿痛，吓得老师赶紧抱着他去了医务室。结果到了那里，他却说自己“已经好了”。一天晚上，妈妈正忙着准备第二天工作的材料，他却缠着妈妈陪他讲故事，并且说自己头很痛，睡不着……虽然爸爸妈妈和老师也知道洋洋很多时候是在“装病”，但由于他的体质确实比较弱，容易生病，所以也就容忍了他。可是，“装病”毕竟不是一种好习惯，怎么做才能让洋洋改掉“装病”的毛病呢？

问题底片

人们常说“孩子不装病”，就是夸孩子天真纯洁，没什么可掩饰的事情。但孩子到了上小学的年龄，会出现一些像“装病”的行为，这一行为必定是在孩子的生活过程中逐渐形成的。而一个后天通过学习而形成的行为，一般都需要以下几个关键要素：一是需求，也就是内在的驱动力，因为一个后天的行为不会白白产生，一定反映了某个内在的需求；二是偶然的成功经验，也就是该行为让需求得到了意外的实现；三是多次的成功经验，使行为得到巩固。如果孩子尝试一个行为，连续多次都能得到好的回应，那么这个行为就将被定格下来，成为他们实现需求满足的手段或者途径；反之，如果一个行为多次尝试都得不到预期的结果，那么就很可能被孩子放弃。可见，孩子之所以反复“装病”，肯定是多次（或者每次）“装病”的经历让他的愿望得以满足，而如果不“装病”，可能有些愿望就不能满足了。

专家建议

要想改变孩子的行为，就要让孩子的“装病”发挥不了作用，不能起到满足孩子愿望的作用。那么，怎样具体去做呢？

1. 降低对孩子身体的担忧和焦虑。父母及其他家庭成员要降低对孩子身体状况的担忧和焦虑，不要孩子一说不舒服，就表现出过度的焦虑和不安，而是要想办法给孩子一种感觉——“不舒服没什么大不了的”。

2. 减少或控制对孩子“生病”时的过度满足。孩子并不是天生就会用“装病”来控制成年人的，他们之所以这样做，根本的原因是成年人对于“小病号”的要求明显降低，并且给予不必要的满足。建议父母要注意将孩子的“不舒服”与“愿望满足”分开来，即使在孩子真的生病的时候，也不能过度满足孩子，尤其是某些无理的要求。

3. 善于观察，区别“真病”还是“假病”。孩子毕竟是孩子，只要大人细心一点儿，假的就真不了。所以，父母要善于观察孩子平时的行为举止，留意“真不舒服”与“假不舒服”之间的区别。并且要与老师积极沟通，让老师了解孩子的特点，避免过度担心。

4. 让“不舒服”变得麻烦起来，使“假不舒服”自现原形。孩子以为用“装病”来实现愿望的这个方法简单又快捷。这时，如果父母让孩子的“不舒服”变得麻烦起来，就延缓了孩子的愿望实现或者干脆让孩子的“如意算盘”落空。又要多喝水，又要“吃药”，想到同学们都在外面做游戏，可自己还得“卧床静养”……这样多次以后，孩子就会觉得“装病”的方法一点儿也不灵，于是也会逐渐放弃这种行为。

5. 用另一个更吸引人的愿望来试探孩子的“不舒服”，以辨真假。比如：当孩子提出“不舒服”的时候，父母不妨故意说：“哎呀，本来妈妈想给你吃XXX（孩子特别喜欢吃的东西）。”或者是，“想带你到 XXX 地方（孩子特别喜欢的去处）去的，这下看来不行了。”这时装病的孩子就会有特别的反应，或在失望中露出破绽。

6. 对孩子的真实愿望与需求，给予合理的满足与引导。虽然孩子的“装病”行为并不可取，但背后的愿望与需求并非都是不合理的。如果能透过现象看到本质，帮助孩子消除或者减少“假不舒服”的真正原因，孩子自然就会懒得“装病”了。

处理好孩子打架事件

事件看板

王平和张辉住在同一个社区，都是6岁，刚上小学一年级，又分在同一个班。两个孩子的个性都比较强。

有一天放学后，他们还不想马上回家，打算在社区的广场上玩一会儿，父母也只好在旁边等着。他们跑到滑梯旁，王平和张辉却吵起来了。“我先到！”“我先到！”而且两个人还推推搡搡起来，谁也不让对方先滑。别看王平个儿小，居然把张辉推在一边，自己一出溜就先滑下来了。张辉哪肯服输，紧随其后滑下来，一下把王平撞到地上。王平被撞疼后，哇哇哭叫着，爬起来，扭转身就打张辉。张辉自然就和王平对打起来。

王平的妈妈看到儿子被人欺负，心里气不打一处来，马上冲上前去把张辉拉开：“你这孩子，太不像话了！把人家撞伤了，还要打人，真没教养！”张辉被吓一跳：“是王平先推我。”“看不出，这么小，你真厉害，打了人还顶

嘴。”王平的妈妈说。张辉的妈妈看到一个大人数落自己的孩子，好不心疼：“嘿，你这个人，怎么跟孩子一般见识。”“你没长眼啊，我的孩子被撞成这样，你的孩子还要打人。”“你也不是什么好东西，玩不来就别来玩。”结果，两个妈妈越吵越激烈，谁也不让谁，一个伸手，一个跺脚，两个孩子则吓得站在一边发呆。

问题底片

孩子之间的打架，有很多不同原因。孩子之间常因一些小误会发生摩擦，打得快也好得快。但由于这些孩子年龄小，发生误伤的情况也不可避免。遇到孩子被打伤，老师通常需要和双方家长沟通，这时有的家长非常不冷静，甚至和对方家长再起矛盾。

以前有些家长看到自己的孩子与别家孩子打架，常常批评教育自己的孩子要忍让，要学会团结同学。但现在越来越多的家长主张让孩子“争霸”，不能示弱，否则，易显得懦弱。殊不知，这样处理对双方孩子的成长都不利。正确的做法是，家长应让孩子学会和别人友好相处，而不是比较谁强谁弱。低年级的学生打架是因为他们还没有学会和别人相处，家长应引导孩子慢慢地学会和别人相处，学会表达自己的意愿，懂得和别人交流，这样，打架的概率就会减少。

孩子之间的骂人打架，还因为孩子的性格各有不同，特别是家庭环境不同而造成。有的孩子带有暴力倾向，喜欢通过打架的方式发泄情绪。遇到这种情况，家长需要多教育自己的孩子，如果再纵容孩子的行为，后果将会不堪设想。

专家建议

父母在处理这类问题时应注意以下几个方面：

1. 谨慎对待，不随意评判孩子的打架行为，而是探究孩子打架的原因，寻找解决问题的办法。

2. 让孩子自己去正确认识在交往中打架的行为。孩子在交往中打架，是他们在群体交往中协调、解决矛盾的一种手段。孩子就是通过这种不断解决矛盾的过程，学会怎样坚持独立的见解，学会怎样竞争又怎样协调，学会适度地表现自己，培养忍耐能力，不断增长与其他孩子交往的知识。因此，如果孩子的打架行为发生在正常交往中而且程度并不十分严重，家长就不应过多干涉，尽量让孩子自己去解决。这样做有利于提高孩子的协调性和社会交往能力。

3. 如果孩子之间发生了肢体冲突，家长要先加以制止，以防止发生不必要的肉体伤害。对问题的解决应坚持：孩子自己能解决的问题，尽量让孩子自己解决；孩子自己解决不了，求助于家长，家长切莫简单处理，武断对待，或不问青红皂白打骂自己的孩子或别人的孩子，片面地指责一方不是。这些做法对孩子的身心发展会产生不良的影响，都是不可取的。家长应该首先弄清楚孩子打架的原因，让孩子有正确的是非观。分析原因后是自己孩子不对，家长应明确指出孩子的不对之处，并进行教育，还应该引导孩子向对方赔礼道歉，指导孩子道歉时应注意的礼貌用语；假如分析原因后是对方的不对，父母也应指导孩子学会正确处理问题的方法。属于在正常交往中发生的小冲突，可让孩子采取忍让、不予理睬的方法，这有利于培养孩子谦让宽容的良好品质；如果属于孩子的既得利益受到侵犯，可让孩子据理力争；对经常欺侮人的小朋友，可以采取回避的方法，或向教师和对方家长反映情况，让成人介入解决矛盾。

4. 孩子之间发生冲突，家长要以诚相待，宽以待人，讲文明礼貌。这也会给孩子树立一个很好的学习榜样。切莫因孩子在交往中的小问题引起家长之间的不和睦，造成更坏的影响。

正确对待孩子受欺负

事件看板

小华上小学一年级了，每天早上上学都带着妈妈精心制作的汉堡包，到了中午就可以尽情享用了。一天，一个三年级的学生在上学路上拦住了小华，并让他把好吃的汉堡包拱手交出来。小华怕挨揍，只好乖乖地给了对方。就这样，一直到两个多星期以后，小华才告诉妈妈，自己已经有一段时间没有吃到午餐了。妈妈听后大吃一惊，问明原因后，便决定“教训”一下这个坏孩子。第二天早晨，妈妈照常准备了一个美味的意大利汉堡包，但是在面包和火腿之间，夹上了一张30元的收据，上面还写着那个孩子的姓名和住址。没想到，这一招儿还真管用了！从那以后，他再也没有骚扰小华。

问题底片

孩子声称受欺负一般会带来家长的两个疑问，即是不是真的受到欺负和为什么受欺负。一般而言，有身材单薄、体形弱小的孩子在与同龄小朋友玩耍中受到打骂与恐吓，或自己做错了什么事情受到别人的教训；还有来自成人的体罚；另外，孩子也可能出于自身的某种需要而说谎，如明明是逃学，但谎称受人欺负等等。

对这些受欺负的问题，家长需要加以详细了解分析，才能找到问题的真正原因。

专家建议

针对已经发生的各种现象，分析可能发生的原因，家长就该想想应当如何解决了。具体的应对方法可以是：

1. 把情况告知校方。父母有必要把发生的事情告诉孩子的老师或校长。当然，可以先问问孩子是愿意自己去汇报，还是由父母出面。

2. 保持冷静。发现孩子受到欺负，会让家长非常生气——有时甚至变得不太理智。可是如果家长始终能够保持冷静和理智，事情往往会解决得更好。

3. 主动结识孩子的朋友。多和孩子的朋友们交谈，告诉他们当你的孩子受到欺负时你的感受。如果他们知道了你的感受，就会更乐于前来告诉你学校里发生的事情。

4. 让孩子为自己骄傲。要让孩子明白，如果他在某些方面与别人不一样，这没有什么关系。尽早地让孩子明白这一点，孩子就会形成坚实的自我价值感，就会认同自己，感到自己也同样值得被尊重。

5. 联系“侵犯者”的父母。如果发现欺负是实施在身体上的，而且也已经和学校都谈过了，却没有什么明显效果，那么不妨联系这个“侵犯者”的父母。要让他们知道发生的这些事情，并告诉他们希望协助立即停止这一切。说实话，有些父母很可能丝毫不清楚自己的孩子在家庭以外对别人都做了些什么。

6. 让孩子参加自卫训练。这里其实并不主张孩子对“侵犯者”实施身体上的报复，但情况一旦恶化，让孩子具备自我保护的能力总是好的。另外，这些训练还可以大大提高孩子的自我尊严，降低他成为受欺负者的可能。

7. 给个人物品做标记。如果“侵犯者”的真正目标是抢夺孩子的个人物品，那么，家长就要给孩子带到学校去的学习、生活用具贴上姓名做标记。这样不但有利于证明这些物品都是属于哪个孩子的，而且还可能起到防止侵犯的作用。

正确面对他人对孩子的批评

事件看板

毕女士的儿子特别爱闯祸，不是欺负了其他孩子，就是弄坏了别人的东西。因此，经常会有邻居来向毕女士告状。有时候，毕女士会忍不住生气地打孩子两下，但儿子却总是“记吃不记打”。最让毕女士难堪的是，自己还得经常厚着脸皮替他向别的妈妈赔礼道歉。毕女士真不知该怎样教育孩子，才能让他意识到到处惹祸的后果，并帮助他改正这个坏毛病。

问题底片

孩子在外面有了不良行为，他人很可能找上门来“告状”，但绝不建议父母用打骂或体罚等方式去处理问题。

当面听别人批评自己的孩子，做父母的心里总不是好滋味。一些父母，认为受到批评的虽是孩子，但对方针对的是自己，觉得有伤自己脸面。其实这样想完全没有必要。即使是很小的孩子，也是一个独立的个体；他是否能够明辨是非，当然是父母教育的结果，但偶尔受到批评，也并不代表着教育的失败。即使真的是在教育子女方面存在问题，做父母的也要保持平和的心态，及时改正。这样无论是对孩子的成长，还是对自己作为父母的角色的成长都更有好处。

孩子面对成年人的批评，有时候会感到相当惶恐。尤其是一年级的小学生，即使是受到委屈，也不会做出适当的解释。因而告诉孩子如果面对错误的批评就要做出合理解释，是相当重要的教育，也是不少父母所忽视的。遇到孩子受委屈的情况，父母要让孩子自己学习解释，比如说，“阿姨，东西不是我弄坏的”。

专家建议

那么，当邻居上门来告状时，爸爸妈妈应当怎样做才能既教育了孩子，又能使对方比较满意呢？建议大家不妨试着按照下面几个步骤去做：

1. 一定要保持头脑冷静，心平气和。先询问清楚事情的前因后果，然后和颜悦色地答应对方自己会尽快与孩子谈谈，并且会让孩子亲自上门去道歉。

2. 综合双方（或三方）的说法进行全面而公正的分析，看看自己的孩子是否有错或错在哪里。如果完全是邻居孩子的过错，先不要急着去追究对方的责任，而要引导孩子站在对方的立场上体会一下对方当时的感受，以及对方现在希望他怎样做。如果错不全在孩子，让他分析一下自己错在哪里，对方又错在哪里，这样一来，孩子会同时认识到错误的做法，而不是一味地强调“是他先惹我的”。这样做的好处在于不仅可以从根本上解决矛盾，而且可以帮助孩子形成一定的移情能力，训练他学会站在别人的立场上想问题，学会替别人着想。

3. 教给孩子向对方道歉的正确方法。有可能的话，尽量让他自己去，以培养他的责任心，让他从小就意识到要对自己的所作所为负责。如果错误不全在他，也可以鼓励他平静而大胆地指出对方的错误，让他学会与别人进行真诚的交流，而不是把所有的错都揽在自己身上；否则，可能会让他觉得这个世界有失公平。

不要让孩子使用成人化妆品

事件看板

张女士想给6岁的女儿拍照留个纪念，谁知拍完照后，弄得一家人很不愉快。

原来8月18日是小丽6岁生日，张女士当天带着女儿到一家影楼留影纪念。工作人员在女儿的小脸上打粉底、搽腮红、涂口红……着实忙活了一阵才开始拍照。小丽仅仅摆拍了四个造型，之后就不断用手抓脸。一个多小时后，拍照结束，小丽直说脸上很痒。张女士连忙带着女儿赶回家，给她洗去脸上的化妆品后才发现，女儿的脸上竟冒出了许多红色的小疙瘩。张女士立刻又带着女儿到医院检查。医生告诉张女士，小丽是得了过敏性皮炎。

问题底片

目前有些年轻家长，为了扮靓自己的孩子，居然给孩子使用各种成人化妆品，如涂口红、抹胭脂、染指甲、打粉底等，殊不知，这些成人化妆品对小孩子可能是有害的。

要知道，成人化妆品是根据成年人的皮肤特点制成的。一般来说，成年人皮肤抗菌、抗毒及抗刺激能力较强。而少年儿童正处于生长发育时期，皮肤细嫩，抗菌、抗毒的能力都比较差，遇到外界刺激反应敏感，因而对某些化妆品容易过敏。况且不少成人化妆品还含有少量的有害物质，加上个别粗制滥造的化妆品质量非常低劣，对成年人皮肤都有害，更别说稚嫩的儿童肌肤了。

此外，目前市面上许多成人化妆品，如指甲油、口红以及美发定型用品中的一些成分，能够通过人的皮肤、呼吸道及消化道进入人体。而化妆品中源自原料、生产或包装过程中的铅、镉等重金属，如果含量超标，导致使用者的摄入量超过安全范围，很可能会引起铅中毒或其他功能损伤。与成人相比，儿童对重金属更加敏感，一旦在使用过程中发生误服，很容易发生意外。

专家建议

家长应注意以下几点：

1. 给孩子使用与皮肤酸碱度相适应的护肤品。皮肤是人体的一堵防护墙，正常皮肤呈弱酸性，因为皮肤的分泌物形成的弱酸环境不利于细菌生存，对人体有保护作用。孩子的皮肤很嫩，容易干燥，适当地搽一些包含油分的霜或乳液是可以的。尤其是在冬天，气候干燥寒冷，风也大，出门时脸上有一层润肤产品就如加了一层保护膜。但是，孩子的皮肤十分敏感，使用成人肥皂等碱性的护肤品，容易破坏孩子皮肤的天然屏障，使皮肤更加干燥。因此，最好是采用酸碱度与皮肤相适应的中性或弱酸性的儿童护肤品。

2. 选用儿童专用护肤品应掌握相关知识。在购买儿童护肤品的时候，最好挑选专门生产儿童护肤品的厂家的产品，并多听听别人的介绍和意见。而且，儿童护肤品的牌子不宜经常更换，这样孩子的皮肤便不用对不同的护肤品反复进行适应。

3. 购买时一定要看清产品成分表。尽量选一些成分比较简单、不含香料或酒精、能很好保护皮肤水分平衡的产品，以减少对孩子皮肤的刺激。需要注意的是，如果孩子使用护肤品后皮肤出现过敏反应，如皮肤发红、出现疹子等，应立即停止使用，情况严重时还要及时去医院检查。

预防孩子过早成人化

事件看板

“阿姨，您买房子了吗？有没有炒股票啊？”6岁的小杰很有礼貌地这样问父母的朋友。最近，小杰一碰到熟人就会跟别人聊起股票、房价等话题。“这些事情明明是大人才会讲的，他只是一个小孩子，怎么也会说这类话题呢？”小杰的妈妈很疑惑。

小杰收到亲戚送的礼物时竟然会十分严肃地说：“真是不好意思，让您破费了。”与大人聊天的过程中，小小年纪的他很会见机行事和投其所好。

爸爸带着小杰参加朋友聚会时，他的言谈举止令在座的人都很惊讶。等上了酒桌他更是向叔叔阿姨频频敬酒，而且见什么人说什么话：“祝您工作芝麻开花节节高”“祝您升官发财”……

问题底片

孩子天生具有很强的模仿能力，父母往往是他们最初的模仿对象，父母的一言一行都会给他们带来很大影响。

孩子过早地成人化是在近些年凸显出来的现象。信息的多元化、资讯手段的先进，使现在孩子的知识面很广，见识的东西也很多，语言表达能力和自我意识都较以前的孩子更快地发展。但是，他们的辨别能力还未跟得上成长的需要，面对各种信息不知如何筛选，更无法抗拒成人世界中某些观念和言行对自己成长的影响。成人社会诸多负面的东西，无时无刻不在侵袭着孩子纯洁的心灵，冲击着少年儿童的童真，加速他们的“成人化”进程。

加速儿童的成人化虽然可以让孩子提前了解正直、善良、勇敢以及一些在幼年时难以体会到的精神，但同时也让他们更早接触成人世界的复杂性，如自私、不友善、不诚信等。虽然他们不理解，但完全可以模仿，久而久之，容易导致孩子身心发展的不平衡，过早地失去了童真，比如过分老成圆滑、一味追求金钱堆积的交际等。

对儿童过早成人化的倾向，很多学校和家长不以为然，仍只将目光死盯住考分，待事态变得严重后便一味实行强制措施，使学生心理进一步失衡，行为逐渐趋向极端，并做出更出格的举动。

专家建议

家长要善于以循循善诱的教育，培养孩子健全的人格和正确的价值观。通过引导使他们明白成长不仅意味着自由，更重要的是拥有责任心、宽容和关爱。家长不妨这样做：

1. 多花时间陪伴孩子，用有趣的亲子活动来减少孩子看电视的时间。

2. 为孩子选择一些适合他们年龄特点的节目。

3. 父母应使孩子“远离”成人世界，尽量使他们不沾染那些只属于成人的负面思想和行为。学校教育、家庭教育与社会教育应紧密结合在一起，通力合作，为儿童的成长创造一个理想的外部空间。

4. 学会倾听孩子的声音，而不是一味灌输自己的想法，实施教育应该根据孩子的成长特点进行，而不应当超越他们的接受能力去拔苗助长。

关注孩子的“伙伴危机”

事件看板

小明刚上小学一年级，暑假时妈妈被单位派到外地学习两个月，爸爸在一家公司做部门经理，工作很忙。于是小明就没人管了。爸爸每天给小明50元，让他自己买早餐和午餐。因为担心小明在外面玩疯了，爸爸就严格要求他：必须待在家里。小明答应了，条件是要爸爸周末带他去海洋馆玩。

小明严格按照爸爸的要求做了，天天一个人待在家里，可爸爸答应小明的要求却一直没有兑现。说实话，小明很想出去玩。因为天天待在家里太难受了，连个说话的人都没有。但小明不敢出去，怕爸爸生气。后来，小明看小区里有户人家养了一条狗，那狗特别好玩儿。小明就想，要是有条狗陪着自己玩就好了。可当小明跟爸爸提出这个要求，说自己一个人在家好无聊，想买一条狗时，爸爸不仅没答应，还嘲笑说：“小孩子哪懂什么是无聊！”

问题底片 ?

首先请各位家长想一想：您的孩子有同龄的玩伴吗？孩子从学校回到家里会感到孤独吗？您经常陪伴孩子吗？也许因工作的繁忙各位家长并没有意识到，但“伙伴危机”确实正在“逼近”越来越多的孩子。

毫不夸张地说，孩子的“伙伴危机”目前随处可见，有时甚至就在每个家庭周围。那么，为什么越来越多的孩子出现“伙伴危机”呢？其中的原因有很多，但小家庭化、家长的过多限制和社会风气的影响是三个重要因素。

原因 1：小家庭化。现在的家庭结构已很少有四世同堂、儿孙满堂的大家族群居，大多是三口之家，孩子都是独生子女，没有兄弟姐妹。这样，孩子在家中缺少同龄玩伴，面对最多的就是父母。而中国父母大多比较重视家长的威严，不会放下架子和子女做朋友，孩子自然容易感到孤独。

原因 2：家长的过多限制。大多数家长都明白“近朱者赤、近墨者黑”的道理，因此他们对孩子行为的控制欲很强，总希望孩子能跟学习好、家庭条件好的孩子交朋友。由于怕孩子受到伤害或不良影响，一些家长往往对孩子过度呵护，甚至干脆阻止孩子和他人交往。

原因 3：社会风气的影响。由于大人之间的关系、情感的转变，孩子之间的关爱也变少了，竞争意识、嫉妒心理、防范心理却渐渐增强。比如说，现在的孩子与同学在一起时，常常会说些我昨天玩到很晚才睡，都没有看书之类的话，其实真实情况却是他埋头苦读到很晚。为什么会这样呢？这就是竞争意识向不良方向发展的结果。现在的一些家长总说，你看某某学习多好，你一定要赶上他！总拿别人作为孩子的努力标准。其实，良性的竞争模式绝不是要把某某比下去，而应是要不断提高自己！

专家建议

针对如今越来越多的孩子面临“伙伴危机”的情况，父母应适时对孩子的交友、择友进行正确引导，不妨从以下几个方面做起：

1. 父母应给孩子一个宽松的家庭环境。在家庭中，父母不仅仅是长辈，还应该是孩子的朋友、老师。父母要注意培养孩子发表意见的能力，有些事情甚至可以咨询孩子的意见。这有利于孩子树立信心，能够更加全面、准确地了解、分析和判断事物，今后这种能力也会被运用到孩子的择友中去。

2. 父母应多鼓励孩子参与群体活动。根据孩子的性情，父母可以适当地让孩子“抛头露面”，多与其他人特别是陌生人打交道。这有利于帮助孩子克服羞怯、恐惧心理，学习人与人之间的相处之道。

3. 教会孩子自己解决问题。当孩子在交往中遇到困难时，父母应及时地引导孩子正确认识、解决各种矛盾，而不是一味地迁就或斥责打骂。吵架了怎么办？被误会了怎么办？做了自己后悔的事情怎么办？这些都是孩子学习的绝好机会，父母应给予适当的建议，但不能一手包办。

4. 放手让孩子自己择友。父母应该避免以成人的观念限制孩子选择朋友。孩子自己择友的过程，也就是学习、成长的过程。父母可在一旁多加注意，并适时给予建议，但不能野蛮干涉、阻止孩子。

5. 培养孩子学会善良待人、积极求知，在交友实践中不断锻炼自己。

让孩子吃好早餐

事件看板

李萍是一年级小学新生，可妈妈说她一直都是名“特困生”——总是睡也睡不醒。因为“赖床”而导致早晨的时间不够用，她居然渐渐也养成了不吃早餐的习惯：早上6点50分的闹钟响过后，李萍至少还要在床上“挣扎”上15分钟，才能揉着疲惫、惺忪的睡眼从床上爬起来，在极不情愿的状态下“闭着眼睛”穿好衣服后，时间就差不多7点15分了。因为7点50分就要到校，加上路程需要大约25分钟，李萍会将一些自己认为“不必要”的事情省去，其中就包括早餐。

每天早上，妈妈都换着花样给她做吃的，牛奶、面包、馄饨、面条、粥等等。可是李萍总是吃了几口就说饱了。说是吃了早饭，其实和没吃一样。更令妈妈头疼的是，即便是给李萍钱，让她买合自己口味的早餐，也不能解决问题。因为李萍通常都是买了零食和小玩具，根本就不吃早餐。

问题底片

对孩子而言，早餐是非常重要的一餐。而现实中，作为上午能量源泉的早餐，却常常被不少学生和家长忽略，多数孩子的早餐都是随便吃点儿。许多家长为了赶时间，都是在送孩子上学途中的路边小摊上顺便买点儿让孩子吃，卫生难以保证。由于工作繁忙，也有不少家长都选择让孩子在上学路上自己买早餐吃。但个别孩子在没有大人监督的情况下，就用买早餐的钱买零食或玩具了。

专家建议

一日三餐在于晨，家长千万不要图方便省事，忽视了早餐以及对早餐的营养要求，家长可以这样做：

1. 营养健康的早餐应该包括丰富的优质蛋白质、各种矿物质和维生素，具体操作时有一个重要指标，就是应该包括谷物、蛋白质、蔬菜水果和坚果四类食物。许多妈妈过分强调高蛋白食物的摄入，却忽视了富含碳水化合物的谷类食物，造成孩子摄取膳食纤维等不足，无法获得较长时间的饱腹感。

2. 干稀搭配。光吃稀食如稀饭、米汤、豆浆，能量不够；光吃干粮如馒头、面包、蛋糕等，水分不足，消化不良。所以应做到干稀搭配。

3. 荤素搭配。早餐应该包括奶、奶制品、蛋、鱼、肉或大豆及豆制品，还应安排一定数量的蔬菜。这不仅能够减轻胃肠道的压力，还能为机体及时提供一定量的维生素。

让孩子吃点儿粗粮

事件看板

张月长到6岁了，近些年基本上没生过病，只是每到冬天会流两三次鼻涕，不吃药竟然也能自然好。张月妈妈和朋友谈起育子经验，很自豪地说：“要健康，吃粗粮。”

张月经常啃玉米棒子，还经常吃地瓜、南瓜粥等。妈妈也特意学会了用玉米面蒸窝窝头。在张月家的米缸里，有红米、绿豆、红豆之类的杂粮，十分丰富。每天早上，张月妈喜欢煮粥当早餐，粥的花样也很多，张月最喜欢吃的是放了花生、大枣、红豆、绿豆的八宝粥。由于适量地吃粗粮，张月长得很健壮，小胳膊和小腿肉嘟嘟的，力气也很大。在班里打扫卫生时，他总负责提水。

问题底片

许多家长给孩子准备的一日三餐大都以细粮为主，以为这是最好的疼爱。在这种思想的指导下，很多父母为孩子准备的食谱上常见牛奶面包、鸡鸭鱼肉等精细食品而很少有粗粮。

人们所吃的粮食大体分粗粮、细粮两种，粗粮指玉米、小米、高粱、豆类等，细粮指精制的大米及面粉。豆类中蛋白质、脂肪的含量较多，未经过精细加工的谷物保留了大量的维生素和矿物质，这些均可与细粮的营养成分进行互补。

粮食加工越精细，损失的营养成分也越多。长期只吃细粮，且不注意营养搭配，很可能会造成维生素的缺乏。我国某些习惯食用精制米的地区，儿童易患“脚气病”或“坏血病”，其原因就是食物种类少，而精制米中维生素丢失过多，易导致儿童机体缺乏维生素 B1 或维生素 C 所致。

家长不要认为只给孩子吃细粮就是对孩子的关爱，而是应该注意粗细粮的搭配，适当地给孩子吃一些粗粮。这样做不仅可以增强咀嚼功能，促进颌骨的发育，减少牙齿畸形发生的概率，而且粗粮中的膳食纤维还可以延缓胃部排空，增加饱腹感，对于控制血糖很有帮助。粗粮能够补充细粮中没有的维生素、矿物质等重要营养素，给人体更全面的营养。

专家建议

父母应该努力做到：

1. 孩子每周至少要吃几次粗粮，如果每天有一种则更为理想。虽说父母知道吃粗粮的好处，可孩子未必会立刻配合。通常孩子喜欢看到新鲜的食物品种，却不一定会接受新的味道和口感。所以要想达到让孩子多吃粗粮的目的，还需要父母花一点儿工夫，动一点儿脑筋。

2. 让孩子喜欢上全麦面包。全麦面包虽然口感粗糙，但它具有一个优势，那就是烤制后具有比白面包更浓的香气。因此，不妨在面包片的一面涂上少许蜂蜜、色拉油或黄油，在烤面包机、烤箱或平锅上略微烤制，让面包表面变脆，味道变香。这样烤过的面包片很受儿童欢迎，是极佳的早餐，父母们不妨一试。

3. 巧吃燕麦片。燕麦片有一种滑腻的感觉和特殊的风味，有时候难以被孩子接受。可以将它与其他食物拌在一起，如用牛奶调制并加入少量糖，或者与米粥、豆粥同煮后与小菜、熟食一起吃，还可以加入巧克力、可可粉、鸡蛋、大枣等。此外，不妨购买经过处理的速食燕麦片，其口感和风味都会比较容易让孩子接受。

4. 各种难以煮熟的粗粮最好先浸泡一段时间。比如豆子的皮层较厚，淀粉结构紧密，煮起来很费时间。但是如果预先浸泡一段时间，令皮层变软、淀粉吸水，煮起来就会容易得多。不妨把各种豆子泡在水中，放进冰箱里一整天，次日取出来煮粥。这样不仅烹调速度可以大大加快，口感也有很大改善。当然，如果用高压锅烹煮更为理想，只需加压 15 分钟到 20 分钟便可熟透，而且能保存更多的香气。

5. 粗粮多样化。几乎每一种粗粮都适合用来煮饭和煮粥，特别是经过高压锅烹煮，都能有比较理想的口感。除此之外，粉状的粗粮适合用来制作点心和软煎饼，例如豆粉和玉米粉与面粉混合之后加入鸡蛋与牛奶，可以制成非常美味的小饼，或者柔软芳香的发糕。豆类可以用来制作汤和甜食。此外，杂粮面条也是个好主意，荞麦面条、玉米面条、杂豆面条都是美味营养的粗粮食品。

指导孩子正确吃零食

事件看板

“小病号，又来了！”这天上午，方方在母亲的陪同下又一次来到医院门诊室。

别看方方年龄小，但却是医院里的“常客”，自从她被查出患有慢性胃炎，便与医院结下了缘分。

方方原来的身体可结实了，但现在就不怎么乐观了，尤其是气温稍有变化，就会感冒发烧。方方5岁时，胃口可好了，什么食品都爱吃，尤其爱吃零食，且每次吃得还挺多。可这种状况持续到方方6岁上小学时就消失了。最近，方

方不仅不爱吃饭了，而且老说肚子疼，胃难受。于是，妈妈就带着孩子去医院进行了检查，结果医生说是得了慢性胃炎。

医生告诫方方的妈妈，如果不加以限制，零食变成主食，孩子的身体健康就会受到更大影响。

一天，晚饭后散步回来的路上，方方又提出买零食了："妈妈，我想吃棒棒糖，我还想吃冰激凌。""好，妈妈可以给你买，但是你是吃棒棒糖，还是吃冰激凌？两样只能选一样。"妈妈一本正经地说。方方乞求地问："能不能两样都吃？""不能，只能选一样。"妈妈狠下心说。方方想想说："那就吃冰激凌吧。"

其实妈妈知道这两样都是方方特别喜欢吃的，是方方的"最爱"。让方方做出选择一是为了慢慢戒掉孩子吃零食的习惯，二是让她学会选择和放弃。渐渐地，方方不再闹着要零食吃了。

问题底片 ?

一般说来，零食颜色鲜艳，形状有趣，又适合孩子的口味，绝大多数孩子都喜欢吃。吃零食是小学生中的一种普遍现象，调查表明，大约有四分之一的小学生有经常吃零食的习惯。孩子们经常吃的零食有：膨化小食品、巧克力、饼干、糖果、冰激凌、酸奶、话梅等。随着洋快餐在中国大中城市的普及，薯条、汉堡包也成为孩子们的新宠。

造成孩子吃零食的原因主要有下面两点：一是有的家长过分娇惯孩子，一切由着孩子的性子来，孩子要吃什么，就买什么；走着也吃，站着也吃，久而久之，养成了吃零食的习惯。二是有一些家庭饮食没有规律，吃饭时间或早或晚，不能养成定时定量的习惯。有时做饭晚了，又怕孩子饿着，就给孩子吃饼干、糕点之类零食，使孩子的胃肠负担加重，消化系统的功能紊乱而降低食欲，到了真正吃饭的时候就没了胃口，吃什么都不香了。

零食是对孩子能量、营养素的补充。据统计，在正常情况下，一个爱吃零食的孩子每日所需能量的 20% ~ 30%、所需营养素的 14% ~ 27% 是由零食提供的。所以，对孩子来说，零食不是不可以吃，而是要把握好度，有所选择。因为当前大部分父母在为孩子选择零食时，都是依照孩子的意愿，以口味、颜色、包装、广告宣传为依据进行的，而忽视了其补充能量和营养素的功能。

专家建议

那么怎样让孩子正确地吃零食，以真正发挥零食的辅助功能呢？

1. 零食在量上不宜过多，适可而止。因为过多的零食摄入会影响正餐的食欲。

2. 注意品种的选择，最好是高营养、低糖的食品。一般含糖量高的零食吃得过多，是导致孩子肥胖的一个最主要的原因。尽量不选或少选含糖高、脂肪多的食品。如各种人造奶油食品，热量高，且含反式脂肪酸，可导致肥胖和血脂升高。果脯类食品在制作过程中维生素损失较多，且糖、盐的含量较高，不宜多吃。其他如水果糖、果冻都没多少营养，少吃为佳。应该选择含有丰富营养素、低糖、高膳食纤维的食品。如水果、酸奶、奶片、枣、牛肉干、粗纤维饼干、海苔片等。核桃仁、花生、杏仁等坚果类食品虽含维生素 E 和锌、铁等矿物质，但脂肪含量也多，只宜适量吃，不可食用过多。

3. 时间要合适，最好在两餐之间吃零食，不可离正餐时间太近，以免影响正常的食欲。吃零食量不可太多，不要边看电视边吃，这样容易在不知不觉中吃得过多，易致肥胖。也不要在临睡时吃，以免增加消化系统负担，影响睡眠。

4. 不要选择过咸及油炸膨化食品作为零食。油炸食品热量高、营养低，不易消化，如炸薯片、薯条等。膨化食品，如虾条、雪饼等，主要由糖、淀粉和膨化剂制成，蛋白质含量很少，并且有的产品含大量色素、防腐剂、香精，多食不利，可导致肥胖。话梅类食品含盐分多，对健康也不利。至于街头烧烤，除了不卫生、质量不可靠，且容易产生致癌物，当然是最好不吃。

告诉孩子少吃甜食

事件看板

庆庆特别喜欢吃甜食，棒棒糖、巧克力成了他的随身必备。庆庆脾气犟，每次淘气，都要奶奶拿这些甜食给他，有事没事也会嚷嚷着要糖。妈妈曾经用最通俗易懂的话吓唬他："不要多吃糖，多吃糖会坏牙。医生拿小钳子把牙拔出来，很疼的。"结果，这一招儿还真管用，妈妈一说给他拿糖吃，他就一手指着嘴，一手乱摆着说不要，牙会疼。

一天下午，还没等妈妈进家门，庆庆就从窗户中看到她了。此时，他手里正拿着棒棒糖吃得正香，见到妈妈要进门了，赶紧把手里的糖塞给奶奶，并让奶奶用纸包好。妈妈一见到庆庆，他就用手指着奶奶手里的糖，用那种特无辜

的声音说："妈妈，我没吃。是奶奶吃的。"妈妈又试探他，再拿出一块大的巧克力。不管妈妈问多少遍，他都说不要。就这样，他当着妈妈的面不敢吃甜食了；可不当着妈妈，他又吃上了。妈妈得想个办法制止他。

一天，妈妈当着庆庆的面剥开一颗糖，放到路边垃圾桶旁，过两个小时后，再带着庆庆一起去观察那颗糖有了什么样的变化？庆庆发现，糖有些融化，周围有许多蚂蚁或虫子。妈妈趁机给庆庆解释："糖会吸引来很多虫子，吃多了糖牙齿也照样会生虫。如果牙齿被虫子咬个小洞，就没法吃东西了。"从那以后，庆庆再也不背着妈妈偷吃糖果了。

问题底片 ?

当今社会，含糖高的食品越来越多，爱吃甜食的孩子也越来越多。不少家长对独生子女倍加疼爱，百依百顺，造成孩子吃糖太多。吃糖太多，会产生不良的后果，如引起肥胖症、致使龋齿……这已为许多人所熟知。但孩子吃糖过多，还会影响神经活动和智力，不少人尚不了解。

多数家长怕孩子的热量不足，经常给他糖果、巧克力、点心吃，给他喝汽水、橙汁等各种甜饮料，有的还给孩子吃放糖较多的粥、奶等，以为这样就可以增加孩子的营养和抵抗力。另外多数孩子从出生开始，所接触的饮食就是带甜味的，从而养成了从小爱吃甜食的习惯。

的确，糖可以供给人体热量。但对于正处在迅速生长发育的少年儿童来说，不只是需要足够的热量，更重要的是需要多种营养素，特别是蛋白质。有些孩子由于过多或长期吃甜食，常常食欲不好，吃饭不香，长得胖乎乎的，体重有时还超过正常标准，实际上是虚胖，肌肉松软无力，身体并不真正强壮。同时常吃甜食还易损害牙齿，由于乳牙生长不好，将来的恒牙生长也受影响。

中医也认为，甜食容易伤脾胃，以致胃口不佳。因此孩子多吃甜食并不好，父母一定不要给孩子养成吃甜食的嗜好。

专家建议

给家长的“甜食病防御法”：

1. 培养孩子的健康口味。家长不要给孩子吃口味过重的食物，要让孩子享受食物天然的味道。不要用过甜、过鲜或者过咸的食物去刺激孩子的味觉，使他对于食物味道的要求提高，从而影响他接受其他营养丰富但口味清淡的食物摄入。

2. 保证孩子膳食中营养的均衡。在平时的饮食中，不要因为孩子爱吃甜食，就一味满足他，或者一点儿甜食也不让他碰。这都是不正确的。在日常膳食中，一定要保证给孩子提供多样化的饮食，保证营养的均衡。

3. 逐渐减少甜食的摄入量。也许父母觉得让孩子少吃甜食很困难，但完全可以找一些健康的甜食来代替巧克力、糖果和蛋糕。比如纯果汁、葡萄干等，这些都是又有营养又好吃的甜食。

4. 把甜食“隐藏”起来。不要把存放甜食的罐子、瓶子等容器放在孩子一眼就可以看到、伸手就可以拿到的地方。

5. 不要在饭前饭后以及睡觉前给孩子吃甜食。经常让孩子在饭前、睡前吃甜食，会导致孩子患上牙病，致使孩子食欲下降。而在孩子饱餐之后给他吃甜食，则最容易使孩子发胖。

6. 吃完甜食后要让孩子养成漱口的好习惯。

教孩子学会细嚼慢咽

事件看板

于小敏从学校回到家，吃饭的时候总是吃得很急。此时，妈妈会在旁边说：“慢慢吃啊！别噎着。”于小敏头也不抬地说：“没关系啦！妈妈，我又没噎着。我什么时候吃东西噎着过？”然后放慢点儿速度，可等妈妈不注意的时候马上又吃得很急。小敏跟表弟和表哥一起吃饭的时候，速度就更快了，就像饿狼一样贪心，为了多吃一点儿，急急忙忙把食物塞到嘴里。

问题底片

许多父母常把孩子吃饭快看成是食欲旺盛的表现，其实这并不是健康的饮食习惯。首先，吃得过快，孩子就不能细细品尝和欣赏食物的味道，使吃饭只起到填饱肚子的作用，既起不到激发和培养饮食乐趣的作用，也不利于营养物质的消化和吸收。

其次，如果短时间内大量、快速进食，食物进嘴没嚼几下就咽下肚子，一方面咀嚼不充分的食物到胃里后，加重了胃肠器官的负担；另一方面食物超过胃的容量，轻者引起消化不良，严重者会造成急性胃扩张、胃肠炎、胰腺炎等危重疾病。

最后，吃饭过快还会影响孩子牙齿的健康。粗嚼快咽易咬伤舌头、腮帮，甚至引起口腔溃疡。长期不仔细咀嚼食物，牙齿本来的作用就得不到充分发挥。对儿童来说，咀嚼的压力可以刺激牙槽骨的生长，使下颌更加强健，避免咬合不正问题。

专家建议

“细嚼慢咽”这个看似简单的行为，生活中却似乎不是那么容易做到。可是，细嚼慢咽真的很重要。家长可以这样做：

1. 让孩子有充裕的时间来吃饭，这是开始学习细嚼慢咽的第一条件，每次最少要准备出 20 分钟的时间来吃饭。

2. 让孩子在就餐中有一个愉悦的心情。充裕的时间是首要条件，同时还要有轻松的用餐心情。要全心全意把心思都放在食物上。当孩子准备好充裕的时间和轻松的心情时，就可以步入下一个正式开始训练细嚼慢咽的吃饭技巧的阶段了。

3. 让孩子试着每一口都细细地咀嚼 30 下。每吃一口饭就放下筷子，集中注意力在嘴巴的咀嚼上，慢慢地细数咀嚼的次数，1、2、3……28、29、30，在心中默默地从 1 数到 30。这需要有些耐心，每数一下嘴巴就要跟着咀嚼一次，一直到数完 30 下才可以吞下嘴巴里的食物。

4. 为孩子制作一个简单的咀嚼记录表，同样是以每吃一口就嚼 30 下为目的。每次吃饭就备好表格，放到嘴里的每一口饭，只要做到上一个建议中所说的那样就在表格上画对号，没做到的就打叉，这样才更能督促孩子努力地去完成，慢慢养成细嚼慢咽的习惯。7 天为一个周期，到几个周期下来看到满纸的对号，孩子就会有很大的成就感。

5. 选择耐嚼或是纤维质丰富的食物。妈妈可以先选择一些耐嚼或是纤维质丰富的食物，比如法国面包、西芹等，利用这些本来就需要多次咀嚼的食物，先培养起食物在嘴中反复咀嚼的感觉，渐渐地孩子就会改掉平常狼吞虎咽的毛病了。

6. 用小汤匙每次只吃一小口。把吃饭时原来习惯用的筷子，换成一把小汤匙，记住一定要小的。由于一开始不习惯用小汤匙来吃东西，孩子吃饭的速度一定会慢下来，那么就随着这样缓慢的节奏来进食吧——慢慢地吃东西，而且一次只吃进去一小口。

适当给孩子补钙

事件看板

程女士听人说，现在的孩子普遍都缺钙，都需要补钙。可是，现在的补钙产品的广告层出不穷，花样繁多，她不知道该怎样给孩子补钙，补到几岁为好？于是，程女士就把钙片作为“补药”或“零食”长期给她6岁的孩子吃。原以为这样能给孩子补出一个健壮的身体，却不想前几天孩子突然晕倒，医生诊断说可能是吃钙片过多导致的。程女士这才意识到钙其实不能乱补。

问题底片 ?

现在，补钙产品的广告铺天盖地，补钙产品的宣传比比皆是。甚至人们见面的问候语都成了“你家孩子补钙了吗”。很多父母都知道要给孩子补钙，但是却不是很清楚如何给孩子补钙才算科学合理。儿科专家指出，儿童补钙一定要适量，最好不要轻易给孩子额外补钙。

医生经常会遇到一些因错误补钙而导致患病的孩子，发现不少家长在给孩子补钙方面存在着诸多误区，主要表现为以下三个问题：

1.“补钙就是多喂钙剂。”其实，钙在人体内的吸收利用受多种因素影响，其中最主要的因素是必须有维生素 D 和维生素 K 的帮助。因此，在服用钙剂的同时，应适量给孩子补充维生素 D，或是让孩子多晒太阳，以促进维生素 D 的合成。否则，就是吃再多的钙剂，孩子照样会缺钙。在服用钙剂时还应避免同时饮用可乐、雪碧等碳酸饮料，像草酸含量多的蔬菜如菠菜也要避免一起吃，以免降低钙的吸收率。

2.“补钙会加快骨愈合。”钙是构成骨骼的主要成分，有父母认为，骨折以后多补充钙质可以加速断骨的愈合。但实际上，受伤骨骼的再生和愈合主要是靠骨膜的作用，增加钙的摄入量并不能加速骨的愈合。此时盲目补钙，还可能阻碍断骨的愈合，甚至引起潜在的健康问题。

3.“补钙多多益善。”钙虽然是身体必需的微量元素，但绝对不是多多益善。已有研究表明，长期摄入过量的钙会增加患肾结石的风险。一般来说，如果有可能通过食物获取足够的钙，最好是通过食物获取。但如果儿童因为营养问题、疾病等原因出现难以通过饮食解决的缺钙问题，应该选择合适的钙补充剂进行治疗。国家卫生健康委员会发布的《中国居民膳食营养素参考摄入量》中提到，7~11 岁儿童推荐每日钙的摄入量为 1000~1200 毫克，可耐受最高摄入量为 2000 毫克。给孩子选择钙剂的时候，要注意看其中所含钙成分的含量，最好能先咨询医生或营养师等专业人员。

专家建议

如果孩子不愿意喝牛奶，家长不必烦恼，他完全可以从别的食品中得到钙质补充。以下是 12 种提高孩子饮食中钙含量的有效且健康的方法：

1. 巧克力牛奶和草莓牛奶。如果孩子不愿意喝纯牛奶，家长可以给他选择添加其他味道的牛奶。虽然这些牛奶比一般牛奶多了一些卡路里，但是它们钙的含量是相近的。

2. 酸奶。有很多口味和种类可供选择，有盛在杯子里的酸奶，也有灌在软包装里可供吸吮的酸奶，这里面总会有一种是孩子喜欢的。

3. 奶酪。所有种类的奶酪都富含钙质，可以选择那些低脂的种类，以减少饱和脂肪的摄入。

4. 松软干酪。可以单独吃也可以混在孩子喜欢的水果中一起吃。

5. 含钙橙汁。加钙的橙汁也是易吸收的钙来源。

6. 一些草酸含量低的蔬菜，如西蓝花、大白菜、甘蓝等，钙的吸收率很高，而且大多富含维生素 K，能促进钙在体内的吸收。

7. 豆奶。不论选择的是纯豆奶，还是香草味、巧克力味、草莓味的豆奶，一定要先确认是不是加钙的产品。

8. 豆类及其制品。不仅仅是大豆、鹰嘴豆、扁豆等，还有豆腐、素鸡等豆制品中的钙含量也很可观。

9. 糊状食品。如果孩子喜欢帮家长把东西放进搅拌机里，那么不妨先将牛奶和酸奶放进去，然后让孩子自己选择一种喜欢的水果加进去。

10. 汤。用牛奶而不是清水来勾兑肉汤，或勾兑西红柿汤等蔬菜汤。

11. 用牛奶煮熟的麦片。用牛奶煮麦片的时候，它们会比清水煮的更加浓稠味好。

12. 蔬菜上面的奶酪酱。学会用脱脂牛奶制作一种低脂的奶酪酱，把这种酱浇在孩子吃的每一种蔬菜上，从花椰菜到土豆都可以。

孩子食盐不宜多

事件看板

丁女士认为，盐是百味之首，让孩子多吃些咸味的菜，不仅能调节口味，还能增加孩子的食欲。原来，在孩子1岁时，有一次丁女士发现，给孩子舔舔她腌的咸菜，可以让她吃更多的食物，以后就几乎每次吃饭都给她嘴里塞一小块咸菜“开胃”。结果，现在孩子很喜欢吃带点儿咸味的食物。

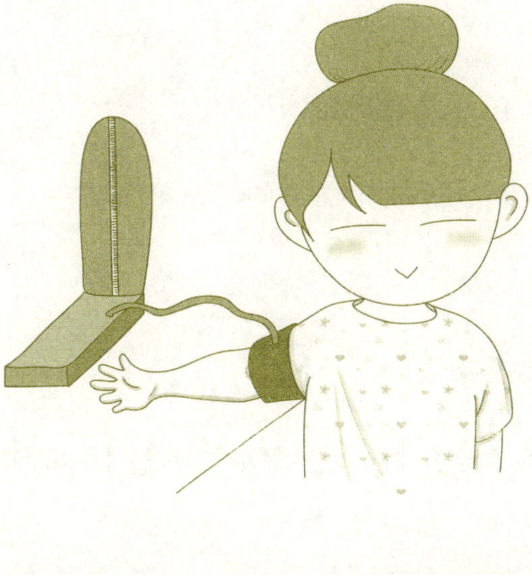

现在，丁女士的孩子胃口确实很好，长得也很结实，这让丁女士很自豪。可前不久的一次体检，却让丁女士陷入困惑：孩子才6岁，怎么会患上高血压？

问题底片

一般6岁左右的学龄儿童每天食盐不应超过2克。

有关研究表明，孩子的口味与父母有很大关系。如果父母喜欢吃味道较咸的食品，则孩子在饮食中的盐摄入也会有所增多。调查显示，目前我国家庭饮食中食盐的摄入量普遍超标。

吃盐多是非常有害的。有关研究发现，6 岁至 11 岁的儿童之中有不少孩子患上高血压，绝大多数是由于经常吃过咸的食物。过咸食物可导致血压增高，进而使人更容易患中风和冠心病等心血管疾病。此外，高盐饮食可使口腔唾液分泌减少，溶菌酶也相应减少，增加细菌、病毒在上呼吸道感染的机会。

专家建议

为了防止孩子吃盐过多，下面介绍 11 条减盐措施：

1. 无论菜和汤，一律都少用盐。

2. 主食以八分饱为宜。不要使用淡盐味化学调味品增加食欲。

3. 营养素不够平衡的饮食，应少放盐。吃米饭时，不一定要吃酱汤和咸菜。

4. 熟食和罐头鱼肉的盐分都偏重，宜烹调得清淡一些再吃。

5. 饭菜应当现烹调现吃，尽量少买成品或半成品食物。

6. 烧菜或炖菜的汤汁宜清淡，烧透炖烂后再进行调味。

7. 烹调黄绿色蔬菜或蛋类时放盐应少些。

8. 吃蔬菜以爆炒或生拌为最好，其次是水氽，再次是烧煮，最后才是炖汤。

9. 养成少浇调料汁的习惯。

10. 含盐最高的是酱油、豆酱和咸菜。酱油应当在烹调时放，而不要在烹调后放。

11. 调味时最好使用西红柿酱或蛋黄酱，也可以放沙拉调味汁，最好不要放酱油。

不要随便让孩子吃儿童保健品

事件看板

姜女士的女儿从小就不爱吃绿色蔬菜，所以有点儿贫血。姜女士看身边的朋友给自己的孩子买了保健品吃，说是吃了对肠胃很好，效果也不错，于是她也给女儿买了一些补血和补钙方面的保健品吃。在女儿6岁时，姜女士给她洗澡时发现她的小乳房已经鼓起来了，还有小硬块。后经医生检查，原来由于女儿长期服用的某种补血口服液中含有激素成分，诱发了性早熟。

段女士的儿子经常生病，不是发烧，就是咳嗽、呕吐、拉肚子，几乎每星期都要上一次医院，打针成了家常便饭。而且，儿子的身体似乎逐渐对打针产生了依赖性，不打针病就会拖很久。段女士听其他妈妈说吃些保健品可以增加抵抗力，于是，从来对保健品不太认同的她也开始考虑：是否真的要给孩子吃些保健品呢？

问题底片

世上的大多数父母都同上面两位妈妈一样，因为爱子心切，孩子身体不好，家长便焦虑万分，有时便寄希望于保健品。

在孩子的生长发育过程中，主要的营养应当来自日常的科学膳食，从各类食物中摄取均衡的营养。孩子发育需要的营养素有蛋白质、脂肪和糖、水、维生素以及矿物质。这些营养素都能从天然食品中摄取。大多数孩子并不需要特殊的保健品，更不能长期依赖某些保健品，并以此来代替日常的食物。

保健食品可分为滋补性食品与疗效性食品两大类。按生产方法可分为：以天然食品为主要原料的天然保健食品，如沙棘、黑加仑、猕猴桃、椰子等制品，这些食品安全可靠，对人体无副作用；另一类是对食物进行营养强化，加入一定量的氨基酸、维生素及无机盐等，来提高食品的营养水平，如维生素 A、维生素 D 强化牛奶和赖氨酸饼干、魔芋面食等。保健食品对改善食品结构、增强人体健康可以起到一定作用，但必须合理使用，否则，滥食过量反而会破坏体内营养平衡，影响人的健康。

给孩子滥用保健品还可能会产生一系列的副作用，甚至常常造成难以挽回的后果，使家长追悔莫及。比如，蜂王浆之类的保健品，作为一种添加糖的来源，吃多了也会增加龋齿、超重和肥胖的风险，而超重和肥胖是性早熟的高危因素。所以家长应控制孩子每日的摄入量，不能吃太多。

专家建议

对于那些盲目跟着广告走的家长，应该注意以下几点：

1. 尽量不给孩子吃保健品。如果有可能从食物中获取足够的营养，最好是通过食物获取，而不是保健品。

2. 适当合理地为孩子选用保健品。如确实需要让孩子服用保健品，也必须按不同年龄，不同需要，有针对性地选择购买，缺什么补什么，并要合理地搭配，对症使用，切不可盲目食用。选择和食用前最好征求医生的意见。

3. 不得以保健食品代替药物治疗。健康的孩子最好不要吃疗效性保健品。选择和购买滋补性保健品要注意保健品的成分和出厂日期、保质期限等，还要注意检查包装上是否印有保健品批文标志。

预防孩子肥胖

事件看板

亲友们一看到壮壮，就会脱口而出：“这个孩子养得真好。”甚至还要向他的父母取经：“这孩子吃什么长得这么胖？”壮壮的父母也为此很自豪，常夸耀自己的孩子能吃，说什么一顿要吃三块炸猪排，四只炸鸡腿，外加两碗饭，还说没有吃饱，就是蔬菜不肯多吃。看起来，他们一点儿都没有认识到肥胖对健康的潜在危害。

壮壮上小学后，由于臃肿的身材，动作缓慢、缺乏灵气，一活动即感到浑身疲乏、满头大汗、气喘吁吁。壮壮与小朋友一起做游戏或体育运动时，由于动作比其他孩子迟缓、笨拙，同伴们都不乐意与他玩耍。渐渐地，壮壮喜欢远离伙伴们，独自待在家里看电视、玩游戏机，甚至用边玩边吃零食来排解自己的孤独。这下，妈妈才意识到了问题的严重性。

问题底片

研究发现，儿童时期的肥胖如不及时干预，肥胖的体形、与肥胖相关的生活方式及其对健康的危害将延续到成年期，进一步增加成年后患高血压、心脏病、糖尿病等慢性非传染性疾病的风险。而且，童年时期的超重或肥胖还容易使孩子产生自卑心理，影响孩子在学校的表现，进而影响其社交和情感发展。

如今的孩子营养过剩，而且爱吃炸鸡、炸薯条，爱喝可乐、雪碧，还有的孩子糖果、蛋糕终日不离嘴，可对于正餐中的蔬菜、米饭倒兴味索然。如果再疏于运动，那么，小胖墩儿的“造型”就诞生了，给孩子的健康埋下了祸根。其实，孩子肥胖的原因常常是出在家长身上。有的家长让孩子摄入过多的脂肪和热量，殊不知孩子的营养只要满足生长发育需求就是合适的供给，如果超过身体需求，过多的脂肪和热量无法消耗，就会使身体肥胖。有的家长纵容孩子多吃或贪吃，有些孩子特别贪吃，见了好东西吃起来没够，而家长又不愿“委屈”孩子，并错误地认为吃得多才能长得壮；还有些家长常以美味食物作为奖励，再额外让孩子补充一些营养品。这样的错误想法和做法造成了越来越多的肥胖儿童。

“由动到静”的改变也是造成孩子肥胖的重要原因。孩子户外活动和锻炼的机会越来越少，而安静的活动明显增多，比如看电视、玩电脑。运动越来越少的同时，每天摄入的热量却越来越多，必然导致体重增加。

专家建议

要让孩子把体重降下来，妈妈应该怎么做呢?

1. 摄入平衡的膳食。摄入平衡膳食是指应该让孩子吃各种各样的食物，包括瘦肉、鱼、虾、禽类、蛋等动物蛋白质，以及各种蔬菜、水果和奶制品。食物的种类要多，各种食物之间还要注意一定的摄入比例。

2. 积极调整饮食。不要让孩子再进食过多的饮料、零食、甜食、油炸食品等，而是要多吃蔬菜、水果等饱腹感强、膳食纤维含量丰富的食物。

3. 增加活动量。一般来说，好动的孩子不容易肥胖。因此，让孩子养成喜欢户外活动或运动的习惯也很重要。最好多做一些有身体移动的有氧运动，如跑步、跳绳、踢毽子、爬楼梯、做体操、游泳、踢球、骑车等。适当的有氧运动不仅可以加速能量消耗，促进脂肪燃烧，帮助孩子维持健康的体重，而且长期坚持，形成运动的习惯后，还能降低孩子成年后患肥胖症和糖尿病的风险，强化心血管系统。

适时给孩子添减衣服

事件看板

每年冬季，王女士的孩子都会患上感冒，其实多是由于天气持续降温时，她唯恐孩子着凉，给孩子穿的衣服过厚所致。白天的时候，她会给孩子穿上保暖内衣、毛衣、棉衣；睡觉时，也让孩子穿着毛衣睡，如果降温时还会给孩子的床上铺上电热毯。

谢女士却很注重对女儿的耐寒训练，所以给女儿穿得尽量少，至少要比同龄孩子少穿一件衣服。一般来说，5 月份刚开始，谢女士就给女儿准备短衣短裤了，每年要到 11 月份才算正式穿上长衣长裤。谢女士每天给女儿准备衣

服时，总是参照当天的最高气温，也就是正午时的温度来穿衣。这就使得女儿有时早晨出门时会冻得有点儿哆嗦，晚上回来时也觉得有些凉，但白天较热的时候则感觉非常舒服。也许就是这样的对温度变化适应能力的训练，反而使女儿的身体特别结实，不爱生病。

当然，谢女士也经常听到周围人甚至亲戚会好奇并不安地提醒她："你的孩子冷不冷呀？可别把她冻坏了！"说实话，这些善意的提醒也着实让做妈妈的谢女士承受了很大的压力。但看到女儿身体越来越好，一年到头基本不生病，谢女士感到无限欣慰。

问题底片

怕孩子热着，更怕孩子冻着——这是很多家长的传统式教养理念。每当天气转凉，很多家长便会立即给孩子穿上厚衣服。尤其进入冬季，更是把孩子裹得严严实实，使孩子怕冷惧寒，更易患上感冒，以致身体更加虚弱。

在教养孩子方面，我们中国人有句俗语："要想小儿安，三分饥与寒。"可要想真正做到这一点，就有些困难了。先不要说大多数家长总是千方百计地劝孩子多吃一口饭，多长一两肉，光是穿衣服就够保守的了。在学校里或是在马路上，我们经常能看见很多小孩子被大人包裹得像只小胖熊，却没人理睬他们头上不停冒出的汗珠，孩子活动起来也很不方便。

专家建议

1. 家长在为孩子添减衣服时要懂得科学安排。1 岁以上儿童的体温调节能力已经基本和大人一样了，可以参照大人衣物的厚度穿衣。此外，孩子的新陈代谢本来就比较旺盛，过多的衣服让他们更容易出汗。汗液浸湿衣服，使衣服的热传导性提高，遇到风吹，体温就会迅速下降。所谓“越捂越容易感冒”，就是这个道理。

2. 孩子比较好动或进行体育活动时，可适当减少衣物。尽量为孩子选择轻便吸汗的衣物，而且要根据孩子的出汗情况及时添衣脱衣。此时穿衣过多会限制孩子的肢体活动，影响他们的运动发育。

3. 想知道孩子穿戴是否恰当，可以通过观察做出判断。一般来说，孩子穿戴舒适时，手掌温度合适，脸色正常。可以摸摸孩子的手心和后背，如果是暖和的，身上也不出汗，就说明衣服穿得比较合适。一般 3 岁以上的孩子就已经可以自我表达冷暖了，只要孩子不觉得冷就没必要多穿。

给孩子买衣服的技巧

事件看板

有一次，易女士去给女儿买衣服，一个半小时逛下来，最终买了一件黑色细条绒衬衣、一件长袖T恤衫和一套灰绿色的休闲西服。易女士把衣服拿回家后，奶奶端详了半天说：“样式还行，就是穿上像个小男孩。而且料子孩子穿着也不舒服，不如买个粉色的纯棉衫。”易女士早已经适应了奶奶的论调，她也承认奶奶说的话在理，可到了每次实际买衣服时还是只看灰的、蓝的、米色和驼色的。因为她感觉自家宝贝长得粗粗壮壮、虎头虎脑，更适合帅气一点儿的着装风格；而女生气十足的衣服，女儿穿在身上总感觉不伦不类。

易女士的一个好友跟她的观点就不一样，今儿给女儿穿上漂亮的公主裙，明儿又换身帅气的牛仔衣，每天都打扮得像只小蝴蝶。然而最近的一次小意外，也使好友改变了想法。前不久好友女儿穿了一件小裙子，领口、袖口处有多条彩带点缀，可没料想，在学校里活动时领口彩带散开了，两个小朋友和女儿开玩笑将彩带缠住女儿脖子猛拉……幸亏老师发现及时才未酿成祸端。

问题底片

妈妈总是想把孩子打扮得漂亮时尚，可漂亮时尚的前提是保证孩子的穿着健康舒适。由于一些家长给孩子穿衣不当，不少孩子曾有过被衣服“伤害”的经历。

有些家长为孩子选择服装，很少考虑孩子过集体生活的需要。童装的式样、衣料的花色质地如果只注重精致或醒目，会使孩子在集体生活中感到与众不同，或感到难为情和不安，进而影响孩子的心理健康。还有些家长认为自家孩子的穿着与邻居孩子的服装就是不能一样，结果把孩子打扮得像个大人或玩偶，使孩子在集体生活中显得特殊，并且要求孩子既不能弄皱，又不允许弄脏或损坏衣服。孩子穿在身上死板板的，一动不敢动，失去了应有的活力。

科学地选择孩子的服装，有利于孩子的生长发育，也有利于孩子参加各种活动和游戏，对其智力和情绪发展都有好处，爸爸妈妈们切勿轻视。

专家建议

家长给孩子买衣服的一个共同问题是仅从成年人的主观爱好出发，大都从让孩子打扮帅气、花哨漂亮去想，很少从孩子穿着的健康舒适、方便得体和美观大方等方面来综合考虑。

1. 家长在为孩子购买服装时，要注意服装吊牌和标识，仔细看标签上的面料成分及安全技术级别。一般 14 岁及以下儿童穿着或使用的纺织产品至少应符合 B 类要求，婴幼儿纺织品则应尽量选择标有 A 类字要的。不要购买色彩过于鲜艳浓重或者有浓烈气味的服装，避免色牢度低于标准或甲醛超标。

2. 尽量不要选择有安全隐患的服装，如带抽绳的连帽衫、过长的围巾和鞋带、有亮片和珠子等装饰的衣服等。

3. 衣服腰部的松紧带不宜过紧。妈妈给孩子买棉毛裤、衬裤、绒线裤、棉裤、罩裤等时，要注意腰部松紧带的舒适度，腰部过紧的装束会对孩子发育不利。

4. 家长在给孩子购买衣物时，应尽量购买有纽扣、暗扣的裤子。尤其是针对男孩子，在穿着带拉链的裤子时，要提醒他拉拉链时不要过于着急，避免对身体造成不必要的伤害。

孩子不能穿太多衣服睡觉

事件看板

乔女士的孩子从小一直是爷爷奶奶帮着带的。晚上睡觉时，爷爷奶奶总给她穿上长衣长裤。今年开始，孩子要上小学，就搬回来和乔女士一起住了。乔女士每天让女儿穿小背心小裤衩睡觉，天冷了以后就盖上厚被子。孩子一直没有踢过被子，也没有生过病。但是爷爷奶奶却总是很担心，说穿得太少会着凉的，还一再让乔女士给孩子多穿些，并且一致认为以前都是他们带的孩子，乔女士没有经验。他们为此没少争执过。

林女士的孩子每到冬天睡觉的时候，身上除了穿保暖内衣，还要套上毛衣，然后盖上厚被子。有时林女士也觉得似乎穿得太多了，但看到孩子没着过凉、生过病，她也就没让孩子穿少点儿。

问题底片

孩子在睡觉的时候穿衣太多，或者穿的衣服紧紧地裹住了身体，这样不仅妨碍了全身肌肉的放松，还会影响孩子的血液循环和呼吸功能。穿厚厚的衣服入睡，孩子的睡眠受到影响，对健康发育自然就不利。另外，如果睡觉时穿得太多，出汗较多，醒来后又不及时更换，极易引起感冒。因此，孩子睡觉时忌穿衣太多。

专家建议

1. 睡觉时不要穿太多衣服，穿一件内衣和一条短裤即可，也可穿宽松的睡衣。

2. 被子厚薄要适中。

3. 若要防止孩子踢被子，可选择儿童睡袋。

4. 可让孩子尝试裸睡。裸睡能让孩子睡得舒服，提高睡眠质量，而且不易感染皮肤病。穿着厚衣服睡觉，会影响皮肤对环境温度的感知，干扰入睡后人体自然降温的进程。而且孩子皮肤细嫩，当睡衣过紧或材质不好时易引起毛囊炎等皮肤病。

孩子不宜穿紧身裤

事件看板

郝女士给女儿买了一条紧身裤，因为她觉得孩子个子小，穿上紧身裤显得干净利落。

可是，孩子没穿几天，就感到身上发痒，于是不断地挠痒痒；谁知越挠越感到不舒服，就脱下裤子扔到一边，不想再穿。妈妈看见了，生气地问："这么好的裤子为什么不穿？"女儿说："这条裤子穿上让我身上发痒。"

郝女士后来才知道，这条裤子竟然是件化纤制品。

问题底片

冬天到了，许多妈妈，尤其是女孩子的妈妈们，会给孩子选穿贴身的紧身裤，因为它既方便又保暖。但是妈妈们又发现，孩子穿久了紧身裤，常常会感到外阴瘙痒，有时还会出现红肿现象。这是为什么呢？

紧身裤大多是由化纤材料制成的，裤腿窄小，布料透气性又差，紧绷在身上，特别是臀部、大腿和裆部贴得更紧，长期穿着，压迫臀部和下肢的肌肉，造成血液循环不畅，影响这些部位的肌肉、骨骼的发育。紧贴的裤裆又经常摩擦外阴，容易致使女孩子外阴部发炎等。

孩子不宜穿合成纤维制成的裤子。因为合成纤维吸水性差，出汗后汗水就会留在皮肤表面，微生物容易繁殖，发生腐败、发酵，加上孩子皮肤娇嫩，更易因此诱发过敏和湿疹。此外，合成纤维在生产过程中混入的原料单体、氨、甲醛等化学成分，对孩子的皮肤刺激性也较大。所以，不要选用化纤布料制成的裤子，贴身穿着的衣服宜选用柔软的全棉材质。

孩子的活动量非常大，身体的新陈代谢特别旺盛，热量产生得多，而紧身裤的散热能力低，严重影响了体温的调节。而且紧身裤的裤裆窄小，使孩子的小屁股不透气，加上摩擦多，特别容易引起局部的损伤或湿疹。

专家建议

家长在为孩子选择衣裤时要掌握以下技巧：

1. 除不宜选购化纤类衣裤，过厚的混纺织品及含有金属物质的织品等，也不宜给孩子购买。

2. 男孩子不宜穿拉链裤。男孩子穿拉链裤时，经常自己拉动拉链。有时不注意，就可能误将外生殖器的皮肉嵌到拉链内，上下不得，遭受皮肉之苦，甚至发生更为严重的后果。

3. 为孩子选购衣服要求舒适、宽松、柔软、简洁，便于他们进行活动、户外游戏。家长不要在孩子的衣着上追求高档，甚至模仿成年人的时髦穿戴，这些对孩子身体发育无益，同时也会影响孩子幼小心灵的健康成长。

让孩子穿合适的鞋

事件看板

金女士的孩子已经6岁了，但她一直都很头疼给孩子买鞋的事，每次不是买大了就是买小了，不但不同品牌的鞋号码大小不一，就是同一品牌同一鞋号的冬鞋和凉鞋大小也是不一样的。孩子明明穿31号鞋，可有时售货员却给拿了二十几号的，还说标准型号不一样，弄得金女士也直犯糊涂。最后，金女士想了一个办法，每次去给孩子买鞋前，都用手掌丈量孩子的小脚，记住比量到手掌哪个关节的位置，之后再用这个“标准”去丈量新鞋。虽然这个办法也不是百分之百准确，可也八九不离十，成功概率很高。

王女士给孩子买鞋也不省心。一次，她带女儿去买鞋，女儿吵闹着非要一种小马靴，外面带装饰的，说是漂亮。王女士觉得这么小的孩子，穿那种鞋肯定不太舒服，不方便活动不说，而且价格也太贵了。于是，王女士就打算想法儿说服女儿另买一种轻便的旅游鞋。她先让女儿试穿小马靴，当女儿正美滋滋地在柜台前走来走去时，王女士不失时机地建议女儿再蹦跳两下，这下女儿有

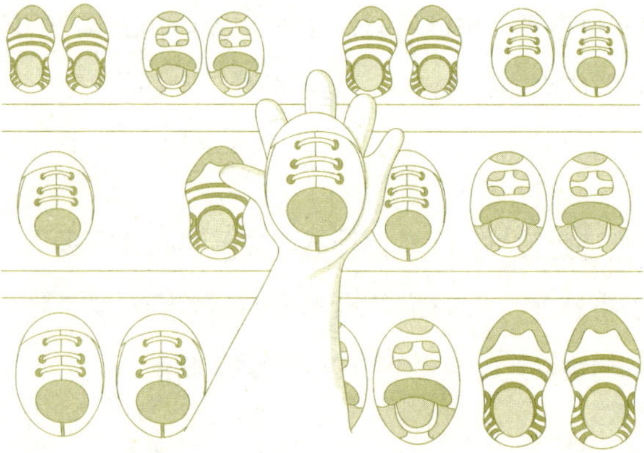

点儿犯难了。接着，王女士又让女儿再换上一双轻便的旅游鞋试试，女儿换上后，果然感觉好多了。王女士趁机又说：“我记得你们班的苗苗小朋友也买了这种鞋子。”最后，女儿很高兴地同意买了白色的旅游鞋。回家的路上，女儿不住地低下头看鞋子，生怕弄脏了。回到家以后，女儿更是主动让爸爸看她的新鞋。听到爸爸连夸好看，小姑娘也就更高兴了。

问题底片 ?

孩子到了入学年龄，骨骼、关节、韧带正处于发育时期，平衡稳定能力不强。如果鞋子的后帮柔软，脚在鞋中得不到相应的支撑，会使脚左右摇摆，容易引起踝关节及韧带的损伤，也容易养成不正确的走路姿势。

一些父母总愿意给孩子买大一些的鞋，认为孩子穿着舒适实用，也能多穿一些时日。但相关专家提醒：这样做是不对的。孩子的双脚长得快，一般来说，选鞋比脚趾长出1厘米就可以了。鞋子过大，不仅会影响孩子的正常活动，而且会妨碍孩子走路的正确姿势。

孩子六七岁时，双脚将逐渐发展成为幼童阶段的脚型。这时孩子的脚掌外形会渐渐变窄，迅速朝纵向发展，且足弓开始屈起，脚跟曲线也开始和成年人脚跟外形相像。这个阶段的孩子跑、跳等运动机会很多，因此建议选择有扣带设计的鞋子，不仅能有效避免鞋带松脱令孩子绊倒，而且穿上脱下也比较方便。另外，鞋子要有足够的弹性而且符合孩子的脚型，最好可以适度弯曲。

专家建议

关爱双脚的健康应该从小开始。孩子的脚小，鞋也小，但穿鞋的学问可不小。家长给孩子选购新鞋时应注意以下几点：

1. 给孩子选择合适的鞋子。好的童鞋在鞋跟和鞋底部分的设计不会太高或太厚，塑料鞋的底部应平实舒适，皮鞋底部应随着脚底板的线条有轻微弧度，而运动鞋则需要透气耐穿，避免太重或太厚。另外，还要注意鞋的弯折部位。很多童鞋的弯折部位在鞋的中部，这样容易损伤孩子娇弱的足弓。合理的弯折部位是在鞋前掌，这里和行走时脚的弯折部位一致。

2. 给孩子买鞋要带上“脚”。目前市场上出售的童鞋多以法国和美国的模型制成。虽然我们国家对鞋的尺码有统一的换算标准和标识要求，但在童鞋领域一直执行得非常不规范。所以，选购童鞋最好带着孩子一起去。

3. 买鞋的正确时间。买鞋时一般应选择在下午或晚上。因为经过一天的活动，脚会在下午略微充血膨胀，尤其是对精力旺盛、活动充分的孩子来说更是如此。另外，买鞋时不妨带上穿旧了的鞋子。因为好的售货员能从旧鞋的磨损情况中看出很多问题，了解孩子走路的方式，从而协助家长选择一双更适合孩子的鞋子。

4. 不要让孩子穿不合适的鞋。由于孩子正处在快速生长发育的阶段，手脚的生长速度快，所以童鞋一般 3~5 个月左右就应该更换一次。同时，鉴于行走运动为身体发育的首要大事，鞋子的材料、形状、厚薄、轻重都会影响孩子脚的生长与定型。所以，即使更换频率较高，选购童鞋时也不能贪图便宜、敷衍了事。

嘱咐孩子别憋尿

事件看板

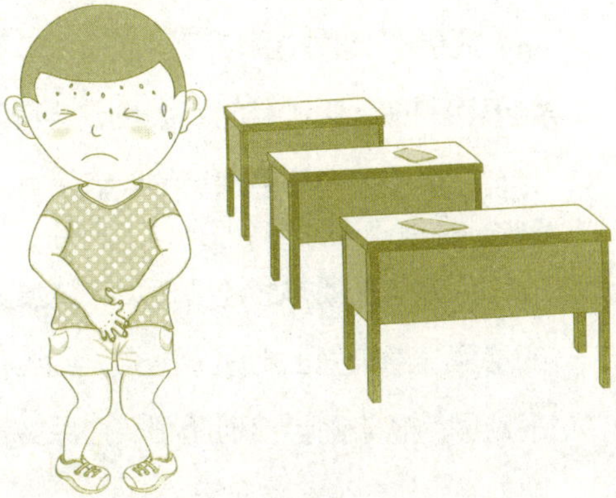

刚上小学一年级的小晖因为憋尿造成了严重的后果。一次，他随全班同学去看电影，回家路上已经想要小便。但班主任要求同学们排队回校，一向遵守纪律的小晖没敢提出出队小便的要求。到校以后，他已憋得非常厉害，本想快快跑向厕所。可是，班主任还要讲话，小晖只好拼命地憋到老师讲完，才飞快地跑向厕所。不料由于过于心急，又跑得过快，他一下子摔倒在地，致使膀胱破裂，住进了医院。经过很长时间的治疗和调养，小晖还是落了个习惯性遗尿的毛病。

问题底片

不少孩子都有过憋尿的经历，有的是迫不得已，有的则是形成了习惯。但对于憋尿的危害，不仅孩子一无所知，就是家长也是知之甚少。要知道，这种坏习惯一旦养成，久而久之，就会对孩子的身体健康甚至大脑功能造成很大的负面影响。

对新入学的孩子来说，憋尿的主要原因是怕羞（尤其在课堂上）、怕厕所不干净和没养成按时如厕的生活习惯等。而一旦养成憋尿习惯，很容易导致尿失禁，引发泌尿道感染。

泌尿科医生指出，温湿的气候，加上水分补充不足，泌尿道易成为细菌滋生的温床，极易感染、发炎。每年开学后不久，都会有许多泌尿道感染的孩子，其中又以一、二年级的新生（特别是女生）居多。他们多半是在学校不敢上厕所，或是下课时只顾和同学嬉戏，忘了上厕所。孩子膀胱容量小，贮尿机能差，如果尿液在膀胱贮存时间太长，会导致膀胱括约肌松弛，产生尿失禁。长期如此，还会引起习惯性遗尿的毛病。

另外，长期憋尿还会使尿液浓度升高，使细菌感染的概率增加。如果孩子的泌尿道感染为上泌尿道感染，会出现发烧、腰痛、食欲不振等症状；如果是下泌尿道感染则会出现尿频、血尿或排尿灼痛等现象；若反复感染，后果则更严重。

专家建议

家长对于孩子的憋尿不仅要引起重视，更要采取有效的措施。一般来说，应从以下几个方面着手：

1. 在日常生活中，要引导孩子养成及时排尿的好习惯。家长要有意识地提醒孩子及时排尿。有的家长在孩子看电视和玩游戏前，让孩子先去厕所，以免玩到入迷忘了排尿。有的家长则为孩子定好排尿的时间，尽管到时孩子还没到尿多的时候，也还是让他排尿。这样长时间地坚持做下去，孩子便会习惯成自然。

2. 带孩子逛街的时候，要特别留意厕所的方位。孩子一旦需要排尿，就可以带他及时找到地方。既不致造成憋尿的不良后果，也不会影响到环境卫生。

3. 及时发现孩子憋尿的“先兆”。比如当孩子精神紧张、坐立不安、夹紧或抖动双腿时，就要赶快问问孩子是不是想排尿。如果答案确是憋尿，要立即带他去厕所。

4. 家长带孩子去朋友家做客时，如果孩子想小便，应马上告诉朋友。孩子小便是一种正当行为，朋友也一定能够理解，家长千万不要羞于开口。

5. 如果发现孩子经常憋尿，家长就要带孩子去医院检查，看看孩子的泌尿系统是否发生了病变，因为有些孩子憋尿的原因跟泌尿生殖系统发育畸形有关。如果不是由于疾病，孩子的憋尿问题仍很严重，家长则应到心理咨询中心为孩子寻求心理疏导。

不要给孩子乱用药

事件看板

林女士家有常备“小药箱”，遇到孩子头疼脑热、感冒发烧时，林女士便会自己充当“儿科医生”，翻找“小药箱”里储存的感冒药给孩子吃，或者到药店随意买药吃。

有一次，林女士把孩子从学校接回来，孩子就一直咳嗽。林女士依然以为吃点儿药就过去了，没当回事。第二天，林女士突然接到老师电话，说孩子咳嗽得挺厉害的。林女士这才意识到情况严重了，忙向单位请了假，带孩子去了医院。医生一量体温——39℃，因为林女士在家给孩子吃过药，所以不能再反复用药，医生给孩子打了点滴。到了晚上，孩子的烧终于退了，林女士这才松口气。

问题底片 ?

日常生活中，有很多年轻的爸爸妈妈，一发现孩子稍有不舒服，不经医生指导，就凭自己一点点的医药常识，擅自给孩子用药。殊不知这种做法是错误的，甚至是危险的。

孩子生病了，家长应该重视，也应该了解孩子生病时的处置和护理知识。6 岁左右的孩子会出现各种病患，常见病有以下几种：

一是发烧。发烧是多种疾病所共有的一种临床表现，十分常见。研究证实，人体发烧时能刺激免疫系统，提高免疫能力，同时由于人体内代谢加速，血液循环加快，有利于毒素排出。在没有弄清发烧原因之前就滥用退烧药，不但会削弱孩子的抗病能力，还会掩盖病情的真相。

二是咳嗽。咳嗽是孩子常见的呼吸道症状。其实，通过咳嗽可以将呼吸道内的病菌和痰液排出体外，因此咳嗽是人体的一种保护性反射。如果急于给孩子喂各种止咳药从而迅速作用于咳嗽中枢，这种做法虽可暂时缓解咳嗽症状，但它可使大量痰液和病菌堆积于呼吸道内，容易继发细菌感染。

三是腹泻。腹泻是孩子的常见病之一，多由胃肠功能紊乱、消化不良、细菌感染等原因所引起。腹泻对人体同样具有一定的保护作用，肠道内的细菌和毒素均可通过腹泻排出体外。如盲目使用止泻药，使存留于肠道内的细菌和毒素不能排出体外，这些细菌和毒素就会在肠道内迅速生长繁殖，继发多种疾病。

四是疼痛。疼痛也是多种疾病的早期信号。诱发疼痛的原因很多，如痉挛性疾病、炎症性疾病、血管性疾病等均可引起疼痛。如果听到孩子诉说疼痛就盲目地使用止痛药，虽疼痛症状暂时得到缓解，但很容易掩盖病情，造成误诊，使真正的病情加剧恶化。

专家建议

1. 发现孩子有病，家长应做到早知道，并冷静做好为孩子就医看病的安排。

2. 对孩子常见症状，如低烧、稍有咳嗽等不适，家庭又可以自行处理好的小情况，家长也应正确遵医嘱为孩子服用药物。

3. 孩子患病，父母应该带孩子去正规的医院就诊，认真遵照医嘱给孩子服药和照顾护理。

4. 一定不要有病乱投医或盲目服药，否则，将会延误孩子的病情。

教育孩子遵守交通规则

事件看板

静静站在马路边上，看着从身边疾驰而过的汽车，心里有种莫名的恐惧。就在昨天，她差点儿遭遇了一场车祸。下午，妈妈接静静放学回家，走到十字路口时，静静蹦跳着就往斑马线上冲。“慢一点儿，拉着妈妈的手。过马路要左右看，知道吗？”妈妈想一把拉住静静的手，可静静却像小兔子一样蹦了出去，妈妈只好紧紧跟在后面。就在这时，斑马线那头有一辆出租车正疾驰而来，妈妈急忙抬起手示意司机停车。“吱”的一声，几乎就在静静的眼前，出租车刹住了。吓呆的静静被妈妈立刻揽入怀中，迅速安全地抱过了斑马线……

一天晚上，天上正下着小雨，郭先生带着6岁的女儿从一家书店走出来，却险些被一个骑着自行车的小男孩撞倒。他和女儿着实吓了一跳。更令郭先生

生气的是，当他责问那个年岁和女儿相仿的小男孩，为什么在人行道上骑车时，对方什么都没说，只是用两只大大的眼睛瞪着郭先生……这一瞪让郭先生意识到，眼前仅是一个6岁、无民事行为能力的孩子。他的家长同样应该对他进行交通安全意识方面的教育。

问题底片

有关资料显示，近年来，12岁以下少年儿童的交通事故死亡人数约占交通事故总死亡人数的5%。历数一起起惨痛的交通事故，总结用鲜血和泪水换来的教训，人们在一次次反思后发出呼吁——消除交通安全隐患，创建一个良好的交通环境，让孩子们远离交通事故！对于自我保护意识相对薄弱的孩子们来说，这无疑更是一项刻不容缓、亟须强化的安全课题。

因为交通安全事故而使孩子受到伤害，主要责任往往在于家长，如家长的交通安全观念淡薄，不能很好遵守交通规则，同时也忽视对孩子的交通安全教育。

交通事故是可怕的，但也是可以预防的。只要人们都自觉遵守交通法规，树立“安全第一”的观念，就能减少和避免事故的发生。为确保孩子的安全，使孩子健康成长，需要交通部门、学校和家长共同努力。古语说得好，“养不教，父之过；教不严，师之惰”。家长要随时随地培养孩子们的交通安全意识，使他们从小就具有交通安全观念。这是我们每个人的社会责任，也是应尽的义务。

专家建议

为了预防交通事故的发生，父母不妨通过生动有趣的方式，帮助孩子了解并掌握以下几条交通法规：

1. 在马路或街道上行走，必须由成年人带领。

2. 不要乱穿马路。步行时必须在人行道上行走，若没有人行道则要尽量靠路边行走。

3. 横过马路时，一定要走人行横道、过街天桥或地下通道。

4. 不要在道路、公路上玩耍、踢球、扒车、追车、强行拦车或向汽车投掷物品，不要在道路上做妨碍交通的游戏活动。

5. 在乘坐机动车的过程中，不要将身体的任何部位伸出车外，不要妨碍驾驶员正常的驾驶工作。

6. 不要翻越马路上的交通隔离设施，如铁栅栏、隔离墩。

7. 小学生不能独自骑自行车上马路，更不能骑自行车带人。

8. 不要在停放的机动车前或汽车底盘下面玩耍。

9. 不要在铁路旁边玩耍、行走。

让孩子喜欢自己的性别

事件看板

军军妈怀孕的时候特别想要一个女孩，不料事与愿违，生下了军军。为了满足自己的心愿，妈妈经常讲些女孩的事情给军军听。结果到后来，弄得军军看到女孩漂亮的发夹和衣裙就特羡慕，常对妈妈说："妈妈，我也要留长头发，我也要穿花裙子！"

一年夏天，军军妈买了一件真丝小背心，结果穿着不太合适，就给军军当睡衣了，还骗他说是条裙子，军军高兴极了。

现在军军上小学了，问题也随着出现了：穿衣服要颜色鲜艳的！袜子要穿粉的！还只跟女同学玩，不跟男同学玩！不要爸爸，只要妈妈和奶奶！甚至整天闹着穿裙子！

妈妈问他为什么？军军很干脆

地回答：“我不想当男生，我要做女生！”

问题底片

在孩子对“我是谁”开始有了初步的概念之后，性别意识渐渐成为孩子自我意识发展的一个重要部分。孩子对生理上的性别认识一般容易掌握，能够明确地知道自己是男孩还是女孩。但是随着不断地成长，孩子还需要在心理上理解性别的概念，理解自己在社会行为中所扮演的相应的性别角色，这也就是人们所说的性别和性别角色认同。但在现实生活中，不少家长由于自己的思想偏向和喜好，竟有意或无意地使孩子的性别角色“混淆”。

值得说明的是，生理上的性别认同与心理上的性别认同有时并不一致，有些人会发生性别认同混乱的现象，这使他们非常痛苦，常常觉得自己活在一个错误的身体里。因此，帮助孩子正确地认识性别和理解性别角色，是每一位父母不可忽视的重要任务。

专家建议

正确引导孩子建立性别意识的 5 个建议：

1. 重视对性别角色的认同可能给孩子造成的影响。尤其是妈妈对性别的接受程度会影响孩子对自身性别的认可。比如，如果妈妈因为工作和家务过于繁忙，经常抱怨“做女人真累”，这种观点则有可能引起女儿对自己性别的悲观。要知道，性别是有差异的，但绝对没有好坏、优劣之分。妈妈应该对人生抱有积极的态度，应该让孩子理解：每一个人都是独特的、值得尊重的、有价值的；不论性别如何，每一个人都能发挥自己的潜能，施展才华；只要努力，每一个人都可以成为最好的自己。

2. 按照孩子的性别去养育。父母的养育方式从孩子一出生便不断地影响着子女。有些妈妈为了自己没能实现的愿望——想要男孩生了女孩，或想要女孩却生了男孩，竟然就将自己的孩子打扮成异性的装束，还认为反正孩子年纪小，意识不到其中的差异。事实上，这些模糊的态度非常容易使孩子发生性别认同上的混乱，阻碍他性别意识的正常发展。

3. 树立良好的性别角色榜样。父母就是孩子绝好的性别角色榜样。在日常生活的身体和视觉接触中，孩子可以从妈妈身上认识女性角色，从爸爸身上认识男性角色，进而从父母身上发展对异性的信任感。所以爸爸妈妈要注意自己身上的性别特征，甚至是性格特征，这对孩子的影响将是终身的。爸爸妈妈可以利用生活中的自然场景让孩子理解不同的性别角色特征。

4. 尊重孩子先天的气质类型，不要随便给孩子套上性别的枷锁。虽然，在社会发展过程中产生的许多性别刻板印象已经渗透在社会的方方面面，但随着社会的进步，男性和女性性别角色的两极化差异正在逐渐缩小，严格的界定性别角色的标准也在渐渐消失。因此，在性别认同正常发展的前提下，应让孩子摆脱性别刻板印象的束缚，不宜过多地限制孩子的爱好，以免阻碍他们的个性发展。

5. 重视爸爸在孩子性别意识发展中的独特作用。心理学家发现，爸爸对待儿子和女儿的态度与行为方式有较大差别，而妈妈对子女的态度与行为差别不如爸爸那样明显。比如，在游戏中，爸爸会严格地按照社会所规定的性别角色标准来要求孩子（尤其要求儿子）玩那些适合他性别的游戏，而妈妈却总是怕孩子磕着、碰着，并以温柔的方式不加区别地对待孩子。

在游戏活动中，爸爸是处在一个独特的位置上来影响孩子的活动和对活动进行选择的，总是比妈妈更多地鼓励孩子的独立自主精神，并通过从事探索活动，帮助孩子掌握技巧、获得经验。在这些游戏活动中逐渐培养了男孩子的阳刚之气，也可以使女孩子摆脱只能进行安静游戏的传统束缚，令她们温顺的性格中增添开朗、果敢、自信等优良品质。

给孩子一个安全环境

事件看板

这天，一位妈妈正抱着一个6岁的小女孩在路上飞跑，身旁还有爸爸，正托着小女孩的右腿，他俩急匆匆向一家诊所跑去。小女孩的右腿膝盖下方有处伤口，鲜血还在不断流出。小女孩趴在妈妈的怀里因疼痛哭喊着。到了诊所，接诊医生急忙给小女孩处理伤口、打上麻药。妈妈心疼地搂紧孩子，安慰着。爸爸更显焦急，可没说一句话，额头、脸上冒着汗，两手紧紧攥着女儿受伤的右腿。这时医生正给小女孩的腿部伤处清洗消毒，露出了一道约4厘米左右的伤口，然后医生开始进行一针针缝合。小女孩害怕得不敢看，哭着把头埋在妈妈怀里。妈妈用手捂着小女孩的眼睛，不断安慰着："缝上就好了。明天还要考试呢，我专门送你去。乖，听话不哭，再坚持一会儿。"医生前后花了10分钟的时间，在伤口处缝了4针，包扎好后又给小女孩输了两瓶消炎止痛药水。这下，妈妈爸爸和陆续来看望小女孩的家人才松了一口气。

原来，当天中午一家人正在用餐时，小女孩突然离开餐桌跑向对面的客厅去拿餐巾纸，不想右脚正好碰倒了放在客厅里的一瓶啤酒。啤酒瓶爆碎，飞溅的玻璃碎片划伤了孩子的右腿，鲜血顿时流了下来……

问题底片

无论在家里，还是外出，日常生活中充满着安全隐患，使不安全事件或事故的发生不可预料。对于不安全事故，如果发生在孩子身上，究其原因或许会认为孩子小、不懂事、没有安全意识，但根本原因还是家长的粗心大意、安全意识淡薄甚至忽视，没有认真担起“监护人”的角色。

一般来说，针对孩子的不安全事件主要有：跌落、锐器伤、中毒、烧烫伤、窒息（如溺水）、电击伤、动物咬伤、被下落物砸伤、机械伤、交通事故等。

对此类安全事故的调查分析显示，儿童安全事故的发生并不完全是偶然的，只有极少数个案源自容易被忽视的隐患，但即便是不易察觉的隐患，只要父母多加注意，也可以及时地发现和消除，从而避免事故的发生。

专家建议

在日常生活中，容易对孩子造成伤害的安全隐患还是很多的，所以，家长一定要做到以下几点：

1. 安装儿童安全锁。为抽屉安装一把儿童安全锁，这样无论孩子如何用力都无法打开抽屉，也就不会接触到里面可能对他们造成伤害的物品。而家长只需手指轻轻一按，抽屉就能打开，安全又方便。

2. 选择灯泡能完全被包裹在灯罩中的儿童灯。为孩子选择款式新颖、色彩缤纷的灯具时，可不要忘了，裸露在外、长时间照明的灯泡会变得非常烫手。

3. 居室内超过 1 米高的独立家具，无论它是摆在客厅、浴室、卧室、厨房或者其他房间，都应该在家具顶部使用专业固定件与墙面固定，确保无论孩子如何摇晃、攀爬，这些家具都不会倾倒，或因剧烈晃动而导致上面放置的东西掉下来，砸伤孩子。

4. 使用带有防滑垫或防滑条的地毯。地毯不但让居室感觉温馨、舒适，更能起到搭配色彩的点睛作用。孩子在地毯上奔跑、玩耍时，巨大的冲力容易让地毯滑动，孩子也会因此失去平衡摔倒。所以，选用带有防滑装置的地毯，可使孩子的安全更有保障。

5. 帮助孩子了解家中各种设施、电器的使用方法，告知在使用中可能出现的危险情况以及注意事项。对于不适宜孩子启动的电器，要给他讲明危险性，提出安全要求。

6. 如果临时带回危险品，如农药、化学试剂、电动工具等，要放在孩子不容易触碰的地方，并及时对孩子说明危险性，并叮嘱他们，一定不要随意触碰。

7. 父母平时做家务时，就要注意一点一滴地教给孩子有关水、火、电的相关知识，让孩子对安全常识有所了解。一些事虽然不用孩子亲自做，但一定要让他们知道正确的处理方法。这样，遇到紧急情况，孩子同样能发出警告。比如，随手关闭水龙头；使用电器前，必须擦干双手；用完电器最好拔掉插头；不用燃气时要把总开关关掉；开、关燃气应请大人代劳；闻到燃气异味时，应该马上关闭燃气总开关，同时打开门窗通风，并且绝不可以此时开关任何电器，以免引发火灾……

8. 帮助孩子熟记各个紧急求助电话的号码，包括匪警 110、火警 119、急救 120，以及父母的联络电话，甚至可以记下附近可以提供援助的朋友电话，以备不时之需。

帮助孩子提高做事的专注力

事件看板

蒙蒙看见妈妈买回来的新书，立刻兴奋不已地将它抢在手里，迫不及待地坐在沙发上就看了起来。刚开始的时候，蒙蒙的读书热情还挺高。但是没过几天，他就对这本书失去了兴趣。妈妈断断续续给蒙蒙买回很多故事书，可每次新书买回来时，他都表现得满腔热情；谁知“三分钟热度”一过，他就没有了兴趣，翻上几页就扔到一边去了。做其他的事情也是一样，蒙蒙也总是这里鼓捣一下，那里翻弄一下，没有常性。

问题底片

有些孩子在学习的时候会表现得比较急躁，缺乏耐心，不安分，急于求成。

在生活中，他们心浮气躁，行动盲目，做事难以专心。

心理学理论认为：个体的神经类型、人格特征、个人认知三种内在原因对孩子的行为处事产生影响。结合大脑皮层兴奋和抑制过程的属性来看，属于“强而不平衡型”神经类型的人，兴奋过程强而抑制过程弱，二者不平衡，容易急躁，沉不住气，做事冲动。其中，有些孩子表现为意志力薄弱，缺乏自控能力，学习怕苦怕累，做事急躁冒进，没有恒心。还有的孩子因为认知不当，把学习成绩作为衡量成功的唯一标准，急于求成，又不肯踏实学习，幻想通过一些捷径快速成功。

做事难以专注，也可能是受到外部环境影响，特别是家庭教育和学校教育的影响。例如有老师向一位妈妈反映她儿子做事总保持“三分钟热度”，不能善始善终。于是，这位妈妈开始注意观察儿子的行为。结果她吃惊地发现，大人出于关心，不分时间、场合经常会打断孩子正在做的事，这可能就是造成孩子做事难以坚持的因素之一。比方说儿子正在画画，妈妈会不时地问他“要不要喝水”；奶奶会走过去说“宝宝吃个苹果吧”；爸爸自己喝饮料，也会问问儿子是否也想来点儿冰镇果汁……就这样儿子在画画的过程中，不断被打断，开始时他只是抱怨“你们真烦”，后来他干脆不愿画了。这时，父母却又站出来责怪孩子做事没常性。想想确实有些冤枉孩子。父母认为孩子做事没常性，自己实际上也有干扰孩子专注的不良行为。孩子的思维活动需要有连续性，经常受到干扰和打断，他们的心就静不下来，专注力也就无法培养和形成。

专家建议

要知道，专注是成功的一大要素。尤其是孩子，只有善于自控，做事专心，才能获得更好的发展。因此，在家庭教育中要十分注重培养孩子的专注力。具体来说，家长可以这样对孩子进行专注力的培养训练：

1. 视觉注意力训练。让孩子看一组照片或动物图片，并提出一些相关问题。比如给孩子看照片时，让他说说照片里都有什么人，几个男的几个女的、几个大人几个小孩，每个人都在干什么等等。不过应该注意，让孩子观察的照片或图片要不断地变换，不然孩子就会感到没有新鲜感了。

2. 听觉注意力训练。给孩子讲故事，但要事先说好，故事讲完之后会提出问题让他回答。对于有些孩子，如果能够在讲故事之前就把要问的问题提前告诉他，相信他听故事的效果会更好。这就好比学生听老师讲课一样，如果先做好预习，找出了自己有疑问的地方，在听讲时就会特别留心，因为这是带着要寻找答案的愿望去听讲的。

3. 动作注意力训练。通过让孩子完成特定的动作来达到训练的目的，比如教他做一些体操动作、舞蹈动作或一些游戏动作，这些都能达到训练效果。

4. 混合型注意力训练。实际上就是把眼睛看、耳朵听和做动作结合起来，既训练了视觉和听觉，又训练了动作。由于这种训练难度大，父母可以边说边示范给孩子看，让孩子跟着做，比如说出一种行动，让孩子表演出来等。

教育孩子如何应对陌生人

事件看板

如何才能教导刚上学的女儿小文，在对人的友善的前提下同时保护自身的安全呢？这样的问题，让李琼夫妇倍感挑战。他们一直尝试着，想解决女儿总是在路上逢人就说“嗨”的问题。万一小文打招呼的对象不对，又说了比“嗨”还要多的话该怎么办？

“有一天你的友善有可能会被人利用。”夫妇俩以大人的逻辑给女儿解释，“千万不要和陌生人讲话。”当第一次警告无效后，他们于是再一次以命令的口气对女儿说。小文这一次认真听从了父母固执的命令，这也使她变得开始对陌生人感到恐惧，并且在每次父母要她一起去逛街购物时大发脾气，原因是她不想看到陌生人，因为她认为陌生人是凶恶和危险的。

李琼感到相当灰心，原本是好意想保护女儿，没想到却适得其反。通过和女儿的交谈，她终于了解，小文并不明白向陌生人打招呼和跟随陌生人走、接受他们的东西之间的差异。对小文而言，她之所以不了解，是因为父母没有给他机会让她了解。

“如果你跟着陌生人走，或是接受他给你的东西，那么你就很可能有危险。”她很明确地对女儿陈述。“新的规则是，你可以和任何人讲话。但是如果他们无缘无故要给你东西，或是要求你和他去某个地方时，记得一定要拒绝他的东西和要求，并且走到最近的人家或是最近的商店去。”然后由李琼扮演“陌生人”，小文在购物中心练习了两次这项新规定。

问题底片 ?

在这个世界上，开朗和善于交往的人，能赢得更多的支持和帮助，也能组织起更多的资源，协助个人完成复杂的工作。对于孩子来说，能够轻松地面对陌生人，除了具有外向的气质特点，还表明他有足够的安全感。对环境有安全感，对人有基本的信任，是孩子能够放松地探索外部世界的最好的出发点。但有些家长认为孩子在与外人的交往中，没有自我保护意识，不懂得如何保护自己，便不让孩子与陌生人说话，这种做法并不利于孩子社会交往能力的发展。

如果父母为了孩子安全着想，给他们不恰当地描绘了一个充满危险的世界，让孩子从小就生活在紧张和不安中，不敢和陌生人说话，这不仅会严重破坏孩子的安全感，而且还会让孩子在真正地处于危险情景中时对所有人都不信任，进而失去得到帮助的机会。

其实，危险并不仅仅来自陌生人。因此，保证孩子更安全的方式，是帮助孩子更全面、客观地认识人性，认识社会——从友善的人那里，我们可以获得帮助，但不是所有的人都友善；在唯利是图的商贩那里，我们也许会蒙受损失，但观察和计算能帮我们免灾；警察叔叔大多能为我们指路，但也会有穿警服的人，答不上我们的问题；商场、超市是购物的天堂，但不注意看管好书包，也许就会被小偷摸去了钱夹；大多数司机都会留意人行道上的行人，但也有新手和不小心走神的司机，所以过马路除了看红绿灯，还要看车……

这些来自生活的经验，对于孩子，父母不必刻意回避。和人交往越多，孩子所积累的关于人性的经验也会越多，应付各种局面的能力也会越强。孩子参与社会实践的同时，父母可以根据具体情景，从旁及时点拨、提醒，帮助孩子逐渐认识真实的社会。

专家建议

孩子和成年人一样，都要直面一个既熟悉又陌生的世界，都要与陌生人打交道。从积极的方面来看，孩子活泼、待人热情，这是优点。但从另一方面来看，妈妈的担心、忧虑也是必然的。保证孩子的健康与安全，是妈妈第一重要的职责。然而，“千般爱护，莫过自护”。那么，怎样教育孩子提高防范及自护意识呢?

1. 利用多种方式，向孩子灌输必要的安全防范常识与方法。平日里，家长要抓住各种机会对孩子进行安全、自护教育。可以在聊天或看电视的时候，有意地向孩子介绍社会中一些拐骗儿童的实例以及自护自救的方法，来扩大孩子的眼界，丰富他的社会经验；或者购买相关的图书给孩子看，帮他理解其中的内容；或者通过讲故事等形式，深入浅出地讲明安全自护的道理。

2. 教给孩子与陌生人交往的具体方法及注意事项。如当有人敲门时，不能马上开门，一定要问清是谁；知道是熟悉的人后，征得家长同意后再去开门；如果是独自在家，敲门的又是陌生的人，一定先要打电话告诉妈妈，再按妈妈的要求去做。尤其要告诉孩子，当他不了解陌生人的情况时，绝对不能轻易告诉对方自家的地址与电话，更不能接受对方给予的物品，或者跟他出去玩。教育的同时，家长也要掌握好尺度，不要过分渲染对陌生人的恐惧，要让孩子知道还是好人多，坏人只是极少数，但是由于自己是小孩，所以必须要注意不能轻信陌生人，不让坏人钻空子。

3. 模拟情景，使孩子的意识和行为受到锻炼和强化。家长可以通过设计模拟情景，给孩子提出问题，或让他续编故事，让孩子通过判断、推理，学会自己去解决问题。比如，假设孩子独自在家时，遇到一位陌生人敲门，并称自己是查煤气表的，这时问问孩子该怎么办？或者假设孩子突然遇到不认识的人叫自己的名字，还说是妈妈的同事，来接他找妈妈去，问问孩子又该怎么办？又或者假设当一位陌生人问孩子家在哪里住，同时许诺有一个好玩具准备送给他时，再问问他该怎么办？……

4. 培养孩子良好的防范意识，训练他的防范行为。如不跟不认识的人去玩，不带不认识的人回家。路遇陌生人跟踪、尾随时不能盲目回家，因为有可能家里没人；也不能跑到空旷的原野、街巷、房子内或者密林中，可以走另一条路摆脱对方；如果对方仍然紧跟不放，就应跑到人多的地方，大声喊叫求助，或向警察、穿制服的成年人求助。

5. 教育孩子不随便吃陌生人送的食物，或喝陌生人递上的饮料。

6. 教会孩子正确接听电话。不要轻易告诉对方自己的名字、住址，以及此刻谁在家里等任何与家庭有关的信息。

7. 教育孩子外出游玩时，一定要让爸爸妈妈知道。而且，出门最好与朋友相伴。在外面不要独自上加油站、戏院、餐馆或其他公共场所的洗手间。空空的大楼、安静的门道，虽是好玩儿的地方，但千万不可独自到那里去玩。遇到任何不对劲的事，别忘了打报警电话。

8. 叮嘱孩子不要乘坐陌生人的车，哪怕对方说是爸爸妈妈的朋友，或者是爸爸妈妈让他来接自己的。告诉孩子，如果陌生人对他说“保证带你去一个很好玩儿的地方”或“和你玩一种很有趣的游戏”，千万不要相信，更绝对不要跟对方走。

9. 安全是每个人的权利，即使是小孩，也有他的安全权。为了让孩子平安成长，父母要经常告诉孩子：任何人也无权剥夺儿童的安全权。要让孩子从小树立安全重于一切的好观念。

教会孩子正确与人交往

事件看板

6岁的小杰经常和小朋友争吵，使得他们的父母觉得自己就像是裁判。咬人和嘲弄小朋友是小杰最爱用的两个招数。

一次，小杰帮助邻居家小妹妹走过结冰的小路，妈妈注意到儿子善意对待小朋友。于是她高兴地对儿子说："你能那样帮助小妹妹，真是做得太好了！我真的为你感到骄傲。"之后，夫妇俩决定像这样多多鼓励儿子。当小杰和小朋友友好相处时，就赞扬他；而在他们争吵时，夫妇俩也想出来新的对策来处理问题。

很快，他们正好有机会用上新的处理方式。那一天，他们一起去小杰舅舅家玩，小杰和表弟见面没几分钟后就为争夺积木吵了起来。妈妈并不知道是谁先燃起"战火"的，但是她告诉孩子："因为我也不知道到底是谁拿了谁的积木，所以现在由你们自己做出决定。是要好好相处呢，还是要分开，各自坐在一边。你俩好好想一想。"

但是，两个孩子仍然我行我素，继续抢夺积木，没有人理会妈妈的话。随后，妈妈严肃地宣布："看来你们两个都做出了决

定，选择隔离和暂停游戏。”然后，她把这对兄弟分别安置在远离游戏区、互相隔离的特别座位上。起初，表弟和小杰极力尖叫表示反对，后来就慢慢平静下来。当他们接受完这次“冷处理”之后，兄弟俩看起来和刚才不太一样，变得比较友善一些，不再像是以前一样横眉怒视了。妈妈则为自己能在孩子发生争执时，仍然不发脾气地找到应对措施，感到十分高兴。

问题底片

一项针对少年儿童的调查发现：不会处理人际关系的孩子，有 70% 学习成绩不理想。许多父母不太重视培养孩子与其他人交往的能力，这对他们今后的成长很不利。

如果孩子在与人交往方面有困难，大多数情况是因为孩子性格内向、不爱说话，甚至见人就害羞。尤其对于喜欢独处的孩子来说，更缺少与人交往的实际行动。

孩子的交往技能，如分享、轮流、协商、合作等，需要家长在生活实际中潜移默化地传授给孩子。但在许多家庭中，不少家长却忽视了这一教育，也没有给孩子寻找和安排锻炼交往技能的机会。

专家建议

帮助不爱交往的孩子提高社交能力，以下几种方法父母们可以一试：

1. 培养孩子的语言能力。提高孩子运用语言的能力，就是帮助他们架起通向他人的桥梁。从小就要培养孩子会说爱说，为他们将来进行交往活动打下必要的沟通基础。

2. 提高孩子的自信心。不要指责孩子太老实、没出息，更不要当着外人的面说孩子不大方、见不得人等。这种责备会加重孩子的心理负担，打击孩子的自尊心，进而使他们更加畏缩不前。父母应想方设法增强其自信心。

3. 增加孩子的安全感。有些妈妈对孩子过分疼爱，总怕孩子和别人在一起吃亏受委屈。结果这种情绪感染到孩子，使他们总是怀疑别人，感到现实世界的风险，因此不敢和别人交往。这类妈妈也应当调整自己平时的言行，培养孩子乐观的性格。

4. 出去串门时，尽可能把孩子带上。妈妈出去串门时带着孩子，可以使孩子有机会接触各种各样的人，有机会学习一些社交礼仪和规矩，体会到交往的乐趣。

5. 尽量为孩子创造一些交往的机会。比如，可以把别的孩子请到家里来一起玩，渐渐发展到让他和别的孩子一起出去玩。刚开始时，最好先把性格同样比较内向的孩子请到家里来。因为内向的孩子在和外向的孩子一起相处时，容易产生自卑感，经常会坐在一旁观看，不积极参加游戏。因此，应当等自己的孩子在和内向孩子的交往中产生了愉快体验之后，再扩大他的交往范围，过渡到和外向的孩子一起玩。

6. 鼓励孩子多参加集体活动。参加集体活动是提高交往能力的重要途径。孩子在集体活动中，不仅可以结识许多的小伙伴，还可以在了解他人的基础上了解自己，学会用集体交往的规则调节自己的言行，学会尊重他人、信任他人、谅解他人、帮助他人，学会调节集体和个人的关系。

7. 引导孩子自觉改正不良习惯。帮助孩子改正那些不利于团结的不良习惯，如骄傲、吝啬、自私等，培养孩子无私、诚实、向上、勇敢的良好品格。只有这样的孩子，在小伙伴中才是最有号召力和吸引力的。

正确地给孩子“下指令”

事件看板

6岁半的克克已经是一年级的小学生，也开始认识一些他最喜爱的书本中的文字。但是，有一件事他却始终学不来，那就是遵从父母的指示。他的妈妈会每天要求他，比如对他说：“克克，请把玩具收起来，然后把你的脏衣服放进篮子里。”“到这里坐下来，把你的鞋子穿上。”克克常常会做到一半，然后突然像掉了线似的完全忘了母亲交代他做的事，只顾着自己玩卡车玩具或是看看爸爸在做什么。“我要告诉你多少次，你才会照我说的去做？”经过几次这样的情形之后，妈妈忍不住对他大吼，“你从不听妈妈的话，好像从来都不知道我在说什么。”因为儿子没有顺从她的意思，在说教之后，妈妈打了儿子屁股。

这种情形一直持续到有一天，克克突然大吼回答：“我就是不愿照你说的去做。”结果，他的妈妈这一回真的听进去儿子所说的话，也开始认真思考儿子的问题。她决定试着只给一个命令，看看克克是否能照她所说的去做。“克克，请你把帽子拿给我。”她很简单地请求说。当克克去拿他的帽子时，妈妈以欣喜的心情鼓掌。“克克，谢谢你按照妈妈的话去做。”接着她又称赞他，“看到你按照妈妈的话去做真好。”

问题底片 ?

在教育过程中，难免会碰到父母想让孩子去做某事，或者要求孩子不要做某事的情景。面对父母发出的指令性的话语，一些孩子会不情愿、不执行，有时还会像没有听见一样，继续沉浸在自己的世界。这个时候，父母经常会采取命令式的口吻强制执行，但事与愿违，孩子往往变得更加抵触，甚至与父母产生争执。

作为家庭教育的一部分，适当地用指令性的话语管教孩子是正常的。但父母应尊重孩子的自主性，注意和孩子说话时的语气和方式，当忽视孩子的感受，使指令变成一种“命令”，很容易使孩子产生逆反心理。这样一来，不仅很难收到预期的教育效果，长此以往，还会削弱孩子的主动性，容易造成孩子懦弱的性格，不利于孩子的成长。

专家建议

要想让孩子在日常生活中养成尊重父母指令的习惯，父母可以这样做：

1. 注意发出指令的场合和时间。在发出某个指令之前，父母应确认孩子的状态，如果孩子正兴致勃勃地研究某个玩具，或正在专注地做自己感兴趣的事情，此时打断他们，很容易遭到孩子拒绝，也不利于他们形成良好的专注力。如果有什么要紧的事情，应该走到孩子跟前，先将孩子的注意力吸引过来，再告诉他们要做的事情。如果孩子不能高兴地放下手头的事，那么最好不要给他们分配任务。

2. 指令要以尊重孩子为前提。当孩子感觉到自己被尊重、被理解，才有可能理解家长发出指令的用心，更有可能按照家长的期望行事。对待孩子错误的言行，应认真向其解释为什么不能那样做。当遇到孩子不听话的情况，父母应该用温和的语气引导孩子。

3. 指令尽量少而精。尽量让孩子有更多的自由空间，以发展他们的独立性。家长不要为了展示自己的权威或者测试孩子是否听话，而随意地指示他们。父母在对孩子发出指令前，最好是确定确实对孩子的发展有帮助，或是出于维持家庭秩序的考虑有必要。比如，孩子的天性是乐于助人的。从道德发展的过程看，适当地要求他们帮助父母做一些力所能及的事情，有助于形成孩子良好的责任感。

4. 指令要尽可能简单明确，用孩子能够听懂的话，也不要布置孩子难以完成的任务。当指令简单明了，孩子很容易完成，也会增添孩子的自信心。

5. 适当地解释原因或重要性，孩子会更乐意做。例如，“帮妈妈一起收拾屋子好吗？这样一家人住起来会更加整洁、舒适。”如果条件允许，家长可以进行示范，以身作则。

6. 多说“希望”少说“不”。家长的指令应多以正面的鼓励为主，少以“不许”“不要”“不行”开头。父母说禁止性的话语时往往言辞激烈，有时甚至会大喊大叫，不仅容易激化矛盾，也会伤害孩子的感情，不利于良好的亲子关系的建立。而且，一味地禁止，并不能使孩子明白怎样做才是正确的。试试用“我希望”“我更喜欢”这样的字眼，有时还可以问问孩子“你觉得应该怎样做”。

7. 尊重孩子做事的偏好和节奏。孩子还比较小，很多事情往往需要反复的练习。孩子第一次收拾自己的房间或者整理自己的玩具时，一定会收拾得很慢，而且未必能做得很好。此时，家长应该对孩子做得好的地方给予肯定和赞许，使孩子因为“自己的事情自己做”“做得越来越好”而产生自豪感。如果父母过分地干预或挑毛病，容易使孩子沮丧，产生心理负担，削弱他的积极性。

教育孩子说话要算数

事件看板

嘟嘟很幸运，有一个特别耐心的爸爸。但是嘟嘟爸爸最近却感到十分困惑，因为调皮的儿子总是说话不算数，刚刚答应好的事情转眼就变了卦，根本不履行诺言。

比如，嘟嘟已经看了半个多小时的电视了，该到洗手吃饭的时间了，但是他怎么都不肯关电视。爱动脑筋的爸爸想出一个好主意，就是两个人玩“石头、剪刀、布”，谁赢了谁关电视。嘟嘟答应了。“猜丁壳！”结果是爸爸赢了，走过去关掉电视。不想嘟嘟却身手敏捷地跑过来又打开了。爸爸说：“哎，咱们不是说好了吗？我赢了我关电视啊！”说完再次关掉电视。然而嘟嘟就是不答应，又伸手打开电视。两个人开开关关地闹了一阵子，嘟嘟一下子躺在地板上开始耍赖，哭哭闹闹。爸爸摇摇脑袋：“真没办法！”

问题底片

“想做什么，就做什么；想什么时候做，就什么时候做。”这是小孩子的一般心理。社会是靠自己和他人之间的关系才能运转，但孩子却事事以自己为主，这叫作“自我中心性”。所谓诺言，就是考虑对方的立场而抑制自我中心性的行为。要想做到这一步，需要行为者具有良好的“社会性”。因此，似乎无法期待那些以自我为中心的小家伙们能遵守诺言。可孩子们经常说：“谁要是撒谎，谁就是小狗。”由此看来，他们也并不是没有遵守诺言的观念。这句话也正反映了被爽约的一方感到不快，想防止对方不守约的行为。

也许对孩子要持有这样一种基本的看法，即孩子是很难遵守诺言的。因此，成年人对孩子要宽容，要耐心等待，他们总有一天是能够做到守约的。可是有的家长由于孩子没有遵守诺言，就用惩罚的方式来教训孩子，这种做法是不能耐心等待的一种急躁情绪的反映。

忽略了对方的存在，忘记了与对方约好了的诺言，可能是孩子无意中的行为，未必就是居心不良，倒不如说，这只是一种孩子式的表现。

专家建议

帮助孩子养成遵守约定的习惯，父母需要注意以下几点：

1. 制定简单的规则。约定规则应该简单易懂，让孩子容易遵守。不要一下子制定很多规则，也不要制定很复杂的规则，更不要制定孩子不容易遵守的规则。简单易守的规则能让孩子感到遵守规则是一件愉快的事情，从而增强他们的自信。

2. 爸妈以身作则。父母要以实际行动向孩子示范，如何做才能算是符合了遵守约定这个准则。其实有时候不是孩子不愿意做，而是他们还没有掌握好方式方法。

3. 不要轻言放弃。父母面对孩子的反抗不要显得手足无措，更不要轻易放弃、妥协，进而给孩子造例外、开绿灯。坚定不移的原则能给孩子安全感，摇摆不定则让孩子无所适从。

4. 让孩子学会承担不愉快的行为后果。在违反规则的时候，让孩子体验带有处罚意味的行为后果，对于帮助他们建立行为准则至关重要。爸爸妈妈要开动脑筋，给孩子建立“不遵守规则，就会受到处罚”的行为意识，并且在实际建立和遵守规则的活动中，帮助孩子学会承担责任。

告诉孩子遇到突发事件别慌张

事件看板

有两个真实的突发事件：一个是2006年5月，某市小学生陈某与3名同伴相约去村外水潭游泳。4人下水不久，陈某突然在水中挣扎起来，3个同伴当时既未大声呼救，也没有采取其他措施，而是惊慌离去。直到第二天民警询问，他们才讲出同伴遇险，此时陈某早已溺水身亡。实际上该水潭仅1.4米深，附近二三十米处就有大人。民警分析，如果3个孩子在这次突发事件中不惊慌，大声呼喊求助，悲剧也许就不会发生了。

另一个事件发生在2004年冬天，深圳市年仅7岁的小学生袁媛，在父母遭遇液化气中毒的危急时刻却能沉着冷静，镇定地按照在学校所学的安全知识，迅速关上液化气罐阀门，打开门窗通风，然后跑到室外用父亲的手机拨打110、120求助，赢得了宝贵的抢救时间，将父母从死亡线上拉了回来。

问题底片

孩子生活在家庭、学校和社会的环境中，遭遇突发事件往往不可避免。不少家长平时对这类突发事件不甚重视，又极少对孩子进行相关的安全常识教育，以致不少孩子缺乏应变能力，这就成了决定最终结果的关键。突发事件来临，孩子只会惊慌失措，不知怎样逃避、自救和求助，使意外变成了无法挽回的悲剧。

孩子是家庭的希望和未来，家长总是尽力为孩子遮风挡雨，希望给他们营造美好的成长环境。但也有不少家长片面追求孩子的智力发展，忽视生存教育，在现实生活中对孩子过度呵护，包办代替，造成孩子依赖性大，应变能力不强，遇到问题只能等待家长或老师帮助解决。这样的孩子，往往对潜在的危险浑然不觉；在突发事件来临时，他们也只会束手无策，甚至坐以待毙。关于这一点，我们应该学习一下日本家长的做法。他们从小学开始，就教育孩子应该如何面对各类突发事件，如发生地震、火灾、溺水等情况时的急救方法等等。通过理论讲解和实际演练，让孩子明确知道自己该怎么办：如何正确避免危机，防患于未然；如何掌握处理紧急事件的方法，绝处逢生。

专家建议

1. 多和孩子谈论突发事件及其危害。突发事件并不是总会发生，但要通过适时教育使孩子获得应对的技巧，特别是事件发生时的自救、求救和向其他人提供适当的援助。要让孩子知道，突发事件并不那么可怕，完全可以通过学习来保护自己，并在确认自身安全的前提下给他人提供力所能及的援助，避免受到伤害，或者把伤害最大限度地降低。

2. 在日常生活中解决问题时，家长要以自身的冷静、理智做榜样。如：切菜时手被划伤了，能够平静地描述自己的伤势，请孩子帮助拿创可贴；孩子摔跤了，家长不要大呼小叫，而是温和地询问伤情，并根据实际情况采取不同的处理方法；孩子把牛奶洒了，家长也不要一味地责备他不小心，而是迅速递给他一块抹布，让他快擦擦……这些生活中的点点滴滴会渐渐融汇到孩子的心里，使孩子的信念不断得到强化，从而对生活具有控制能力。这样，在遇到突发事件时，孩子也就能够冷静、正确地处理了。家长同时也一定要让孩子明白，在危险面前逞强并不是勇敢的行为，如果遇到解决不了的问题，一定要及时向他人求助。

3. 家长可以经常针对实际发生或书上的问题跟孩子讨论，如家长（孩子）遇到什么问题，可能会产生哪些后果，应该采取什么样的措施解决问题等等。在不断地演练中，孩子应对突发事件的技巧和避险能力就会得到提高。

4. 家长要营造充满自由、尊重和爱的家庭环境，使孩子获得强大的被关爱感和安全感。在日常模拟遭遇突发事件时，要告诉孩子不要惊慌，而是要冷静、沉着和保持自信的态度，从而培养孩子良好的心理素质。孩子这种心理素质一旦养成，即使将来真的遭遇了突发事件，也能够冷静处理，并能在事后很快恢复自信。

帮助孩子学会澄清误会

事件看板

冰冰放学回家，一看到妈妈就委屈地哭了。妈妈问他怎么了，冰冰抽泣着说："今天下午，我发现同桌芊芊的椅子歪了，就想帮她搬正。可她却告诉老师说我动她椅子，不让她好好写字。"妈妈静静地听儿子说完，然后说："妈妈相信你，也支持你。做好事是对的。"冰冰憋了一肚子的委屈，大概是在学校又没人支持，现在看到妈妈对自己的支持、安慰和理解，情绪马上就好多了。妈妈随后又教给他，应该如何向芊芊和老师解释，把误会消除掉，同时故意问冰冰："要不要妈妈到学校去替你解释？"冰冰笑着说不用了。妈妈立刻夸奖他："这样就好。在学校有事要自己解决，这样才是小男子汉。"

问题底片

孩子和成年人一样，也是一个社会人。人生活在这个社会上总有不被理解，甚至被误解的可能，如自己对他人的误会，他人对自己的误会。在家庭里，这种误会都很难避免，何况进入纷繁的现实社会呢？在很多情况下，家长不能正确对待别人对自己孩子的误会，一味袒护孩子，指责对方。

专家建议

孩子间经常会发生各种各样的误会。误会不解除，不仅会影响孩子间的团结，而且对他们的身心健康也会产生不利的影响。家长可以参考以下建议，帮助孩子消除随时而来的误会：

1. 坦然、冷静地面对误会。误会常产生，不可意气用事，误会的澄清只是时间早晚的问题而已。因此，发生误会后，父母应教育孩子先不妨坦然置之，即进行所谓的“冷处理”。反之，如果感到自己的孩子受了委屈，便逼着他到处辩白，则很有可能不但得不到同情，反而让人家笑话或加深误会。

2. 教育孩子对于那些错怪自己的人，不要心存怨恨。同时，还要帮助和指导孩子做一些“修补工作”，消除误会。反之，如果意气用事，图一时痛快，“以其人之道还治其人之身”，误会就可能成为伙伴关系进一步恶化的导火线。

3. 寻根溯源。帮助孩子头脑冷静地分析误会产生的根源，找到症结之所在。如果责任确实在自己一方，不妨“有则改之”；如果错在对方，那也不必着急，随着时间的推移，一切都会真相大白的。

4. 消除误会，可以采取多种方法。比如，安排孩子与对他产生误会的人平心静气地面谈，也可委托其他人代为解释。若这些方法仍不能消除误会，则可请老师或父母出面解释。

帮助孩子克服攀比心理

事件看板

小玉是个聪明可爱的女孩，刚上小学一年级。有一次，妈妈从学校接她回家时，不想小玉张口就说："妈妈，天天的妈妈今天请老师吃饭，我们什么时候请呀？"当时妈妈愣了一下，心想这个问题要想好了再回答，因为现在有不少父母为了让孩子在学校享受"特权"，给老师请客送礼，她可不愿小玉从小就受到这种"社会污染"。于是，妈妈对小玉装作漫不经心的样子说："是吗？孩子，可能天天的妈妈找你们老师有事，或者她们是亲戚呢！你想想，咱们找你的老师有事吗？"小玉想了想说："噢，原来是这样。我们找老师好像也没什么事吧！好吧，有事的时候再请老师吧！"然后她就跑开玩耍去了，妈妈这才松了一口气。

还有一次，小玉对妈妈说：“妈妈，我爸爸厉害吗？他能买小汽车吗？他是总经理吗？”说实话，妈妈又是愣了一下：“这么小的孩子现在就有攀比心理，一定要处理好，否则将来不可想象。”于是，妈妈蹲下来握着小玉的手，看着她的眼睛，认真地说：“孩子，一个人要自己有本事才算厉害。就像我们的手指有长有短，但是缺了哪一根手指也不是一个完整的手。其实并不是总经理才是最厉害的。只要是把自己的工作做得最出色，那他就是最厉害的。你知道了吗？”小玉似懂非懂地点了点头。“我知道了，妈妈。在我们班里我做的手工折纸最好了，是不是我也是最厉害的呢？”妈妈肯定地点了点头。小玉高兴地跳了起来，“噢，噢，我也是最厉害的，我也是最厉害的！”妈妈放心地笑了。

问题底片 ?

父母知道什么是孩子的“攀比欲”吗？在现实生活中，相信父母们都遇到过孩子哭闹着要一个玩具、一件衣服，甚至是他根本用不到的东西，同时还会理直气壮地告诉父母：“我们班同学都有！”或者会说：“我们班谁谁谁就有！”一副不买不行的架势，可买了也就新鲜一会儿，然后就扔在一边，弄得父母们十分头痛。其实，这就是孩子的“攀比欲”在作怪。

受种种现实影响，孩子的攀比表现越来越多，比谁的衣服漂亮、比谁的玩具好玩儿、比谁的爸爸“官”更大，甚至比谁的声音最大。由于天真幼稚，在孩子心目中，自己什么都要比别人强，也要比别人好；加上他们模仿能力强，也很容易受到成年人，特别是父母的教育观念、价值取向的影响。因此，教育专家认为，家长的价值取向是孩子攀比心理形成的重要原因之一。

孩子比来比去，其实就是想要证明自己比别人强。只要家长让孩子知道，每个人都是最独特的个体，都有优点和缺点，如果能帮助孩子找出他的优点，培养孩子的自信心，让孩子知道自己也有让别人羡慕的地方，这样就可以平息他的“攀比之心”了。

专家建议

1. 因势利导，将攀比转化为进步动力。引导孩子在学习、才能、意志力、良好行为等方面进行攀比，鼓励孩子发奋努力，勇于赶超，将有助于孩子的健康发展。同时，也可以让孩子通过努力实现自己的需要，从而培养孩子的独立性、自主性等良好的心理素质。

2. 父母可以引导孩子了解和认识更多东西，培养孩子对于文学、历史、自然等多方面的兴趣，比如可以有意识地让孩子更多地接触钢琴、舞蹈、绘画等方面的知识，或者和孩子一同选择他真正喜爱的课外项目，增加其在这方面的成果。孩子的关注点转移了，就不会太局限于与伙伴们攀比物质生活了。

3. 对孩子的不当攀比学会说“不”。如果孩子过分攀比，不管他是用真情打动父母，还是无理取闹，都要坚决拒绝。如果攀比总是可以得到满足，那么孩子就会理所当然地认为所有的要求都会得到满足，家长的妥协实际是在助长孩子的攀比心理。

4. 相信孩子的承受能力。父母难以拒绝孩子，有时是因为他们受不了孩子渴望的眼神或是可怜巴巴的样子。其实，孩子对这类拒绝的适应也许要比家长们想象的容易。而最适应不了的，也许恰恰正是父母自己。

5. 找出闪光点。平时父母要善于发现孩子身上的闪光点，并对孩子的这些优点加以肯定，培养孩子自信快乐的性格。要让孩子明白，这些优点才是这个家庭最宝贵的财富，而不是外在的物质因素。

6. 不要做坏榜样。不想要孩子攀比，爸爸妈妈平时就要少攀比，这能为孩子提供一个健康成长的环境。因为，父母无意间情绪的流露也会在潜移默化中给孩子树立不好的榜样。

引导孩子过好双休日

事件看板

周末，高女士带儿子回了一趟乡下的老家。儿子的新鲜劲一下子就上来了。他和一群乡下孩子撒欢似的在田间奔跑，做各种游戏，直到傍晚才灰头土脸地回来，可脸上全是兴奋的表情。他还竹筒倒豆子似的跟妈妈说，自己今天总算见识了油菜、小麦等植物的“庐山真面目”，而且还和谁谁谁成了好朋友。儿子平时除了学习，根本不爱和人交流，而且非常讨厌运动。可这一天他却像换了个人似的。高女士觉得，有空多带孩子到大自然中走走，对培养孩子乐观开朗的性格不无裨益。

文女士的女儿要求和妈妈达成一个“协议”：在她保证学习成绩优异的前提下，把周末的时间全部还给她。文女士说可以试行一个月。随后的第一个周五晚上，女儿交了一份周末活动安排表给文女士，除了写作业，她还安排了看电视、到同学家串门。文女士虽然心里有些担忧，但还是由她去了。女儿整个周末都显得特别开心。周日晚，她对文女士说，这种感觉真好，并保证会用加倍努力学习来回报父母的信任。结果，她果真做到了。

问题底片

目前，孩子的双休日普遍呈现两种情况：

一种是“双休不休”。不少家庭的孩子双休日仍在为课外补习、上各种各样的特长班而忙碌，而且大都是家长有意安排的。当许多成年人都在双休日休息、休闲和娱乐之时，这些孩子却只能在“恶补”中度过双休日。

另一种截然相反的现象是 “双休无聊”的局面。不少家长对孩子的双休日“放任不管”，凭由孩子自己玩，而且这些家长总会说自己很忙或自己还有事，让孩子自己安排。还有少数家长自身的休闲方式不够健康，热衷于麻将、扑克，只好让孩子无节制、无选择地看电视，令孩子觉得“双休日”生活单调、没意思。

专家建议

家长要充分利用双休日，和孩子一起在玩中学，在学中玩，引导孩子健康发展，具体可以这样做：

1. 在其乐融融的家庭气氛中，加强情感交流，正确引导孩子。双休日是父母和孩子在一起最长的时间，不妨利用这一难得的机会与孩子进行感情上的交流。父母可通过和孩子聊天、讲故事，让孩子做一些力所能及的家务活儿来了解孩子的兴趣和爱好，也可以发现孩子的品质特征和不良行为，并在交谈中对孩子提出希望和要求。这样才能真正达到休中有趣、休中有乐、休中有学的目的。

2. 到生机勃勃的大自然中去，让孩子感受美，发展孩子的兴趣和爱好。双休日父母可以带着孩子逛公园，去郊外走走，到有纪念意义的地方去看一看。大自然中蕴藏着无穷无尽的美，经常带孩子到大自然中去，可以让孩子充分感受到自然界的美，并开阔眼界，增长见识，发展孩子的想象力，激发孩子的创造性。在游玩中父母应有意识地引导孩子欣赏自然景色，让孩子说说自己看到了什么，听到了什么，有什么感受。在大自然的课堂里，孩子能学会很多东西。

3. 在积极的休息中，让孩子有规律地支配自己的时间，并养成珍惜时间的习惯。双休日，可根据家庭的实际情况制订活动计划，切忌让孩子玩一整天，或是把双休日作为“补课”的时间学习一整天，或让孩子随便“混时间”。要保持正常的生活规律，教育孩子从小懂得珍惜时间、合理利用时间。在开发家庭作业的同时，可让孩子自由地学习自己喜欢的东西，还可以因势利导发展孩子的特长，如根据孩子的兴趣，让孩子学美术、电子琴、书法或电脑等简单知识，为今后的社会生活打下基础。

让孩子做点儿家务

事件看板

郭女士自打孩子出生以后，就一直扮演着全职妈妈的角色。孩子上小学后，每天回到家不是写作业就是练琴，几乎比上班的大人还忙。在这种情况下，郭女士怎么忍心让孩子再去做家务？她认为，当今社会竞争十分激烈，孩子应多用点儿时间去学习，提升成绩，为以后的发展而努力；父母应做好孩子的后勤保障工作。所以像做家务这种事有她这个全职妈妈就足够了。

而吴女士则认为父母如果把孩子的一切都包办，就等于剥夺了孩子锻炼自我的机会，最终只会让孩子变成一个啥也不会的生活低能儿。所以她在这种思想的引导下，变成了一个超级“懒”妈妈。随着女儿一天天地长大，她的“懒”度也就越来越明显了，时不时地就使唤一下女儿：“米米，帮妈妈扔一下垃圾吧”“米米，帮妈妈递一下东西吧”“米米，你自己穿衣服、裤子吧”……在她的“使唤”下，女儿总是乐颠颠地帮她递东西、扔花生壳，也学会了自己洗脸、刷牙、吃饭和洗澡，现在已经可以自己洗袜子、擦桌子、拖地……

说到拖地，吴女士家拖地板的主力军，也一直是女儿。从4岁多拿着拖把踉踉跄跄，到6岁多熟练地擦扫。到需要打扫地板时，吴女士有时会让女儿拿着拖把先拖一遍地，然后她再接着拖一遍。或者一起比赛看谁拖得更干净。

每次听到吴女士在厨房里打蛋、搅蛋，女儿就会立刻热情十足地跑进来说“我来我来”，然后自己搬来一张凳子放在橱柜前，站上去，拿着筷子一丝不苟地帮吴女士打蛋，边打边唱着从《爱探险的朵拉》里学来的儿歌：“搅拌搅拌蛋蛋液，搅拌搅拌蛋蛋液，搅拌好吃的蛋蛋液！”此外还会研究一下：为什么妈妈打蛋时会发出声音，而她打蛋时却发不出声音；要怎么样才能既发出声音，又不会把蛋液打到碗外头去……

问题底片 ?

现在的孩子，从小就被爸爸妈妈、爷爷奶奶宠着惯着，有好吃的先吃，有好喝的先喝，有好玩儿的先玩，这些都被他们认为是理所当然的。他们对自己应该帮父母做家务的观念非常淡薄。多数家长也是每天工作、家庭两头忙，心里或多或少会有“孩子能帮忙做家事固然很好，不会做好像也无所谓”的想法。殊不知，“做家事”可不是单纯的清洁工作，透过这项活动有助于建立孩子的良好心态与熟练技巧。“家事教育”所带来的效果，将超乎父母的想象。

让孩子从小做家务，不仅可以减轻父母的负担，还可以促进孩子的全面发展。通过承担一定的家务责任，孩子能够形成自我意识，建立自信心；通过日常自我管理，更有助于孩子形成独立的人格，培养出心理上的安全感；通过做一些适合孩子年龄和发展水平的家务事，孩子还可以发展计数、分类等认知能力，学到很多日常生活中的科学知识……这些都在为孩子以后的成长打基础，也是人们常说的素质教育的一部分。

专家建议

1. 让孩子了解做家务的好处。父母要经常告诉孩子做家务有以下作用:

（1）可以锻炼动手能力和解决问题的能力，这将有助于孩子逻辑思维能力的提高，也可以提高孩子的数学、物理学科的学习能力。

（2）可以培养自信心，会做的事情越多自信心就越强。

（3）可以培养责任心。通过做家务，孩子可以体谅家长的辛苦，逐渐承担自己在家庭里、社会上的责任，培养自身良好的品质。

2. 教会孩子做家务的技巧和方法。让孩子做家务是帮助他们成长的好机会，不仅可以增强孩子做事的能力，还可以培养他们的责任心。然而父母在引导孩子做家务时，需要时间与耐心及周详的计划，努力做到让孩子能“自主自发”地去做，才能达到教育的效果。生活中有什么方法可以培养呢?

（1）从个人分内工作开始。父母不妨让孩子从个人分内工作开始学习，其中包括生活自理能力，如自己学习将衣服穿好、放好；自己的玩具自己收拾好；把脏衣服放进篮子里……要让孩子慢慢习惯做家务其实也是自己分内的工作。

（2）工作计划表。父母可以设计一份工作计划表，并和孩子一起讨论他能做些什么、想做些什么。

（3）在趣味活动（游戏）中学习做家务。

3. 家长对孩子做家务要进行具体的引导:

（1）择菜。让孩子一起参与，从择菜到洗菜，帮助他了解自己每天所吃的菜肴需要经过哪些步骤才能食用，在学习中教导孩子做家务。

（2）洗米、煮饭。从打开米缸舀米，家长就与孩子一起参与，并告诉孩子该舀多少；洗米时，也可以告诉孩子，淘米水还可以留作其他用途，如洗菜、浇花等。在引导孩子参与家务劳动之外，还能教会孩子节约的概念。

（3）扫地、擦桌子。准备好孩子专用的抹布及扫把，让孩子试着去做打扫的家务，或由父母教孩子如何做才能将桌子、地板清扫干净。

（4）晒、收、叠衣服。晒衣服时可请孩子帮忙拿衣架，协助妈妈晾衣服；收衣服时，孩子还小，可由他负责专收自己的衣服；叠衣服时，可以指导孩子学习折叠及衣物归类的生活技巧。

教孩子热爱运动

事件看板

回回刚上小学，就戴上了小眼镜。要说这眼镜可不是白带的，回回在幼儿园里就是远近闻名的小博士。好些知识连老师都不一定知道，回回说起来却头头是道。上小学后，每次知识竞赛她都参加，而且都拿了大奖，老师们都戏称她是“竞赛专业户”。

但就在上个星期，回回却主动放弃了一次竞赛。说是主动，其实是妈妈的主意。那是一次体育竞赛，回回本来挺想参加的，可妈妈不同意，理由是回回没有时间参加赛前训练。“每天都要抽出两个小时，为的就是个什么体育比赛，有这个必要吗？就是拿了名次又能怎样？我家回回的时间很紧，就算有时间，我也想让她多学点儿东西……”回回妈妈跟老师解释时的态度还挺诚恳的，老师也没办法，只好叹气作罢。

小满的爸爸则很重视孩子的运动锻炼。每天早上，闹钟都提前半个小时闹响，为的是叫女儿起床早锻炼。可小满就是提不起劲头，理由很简单：“爸爸早上只管检查我起床了没有，只要我一出门，他却回去倒头睡大觉了。剩我一个人，多没意思啊！”爸爸不是不知道女儿有意见，可他也有自己的理由：“锻炼嘛，就是你们小孩子的事情。你们在长身体嘛！爸爸都这么大了，锻不锻炼的无所谓了！”

问题底片

根据最新调查统计，我国青少年运动的速度、耐力、柔韧性、爆发力、力量等体能素质正呈全面下降趋势。相伴随的情况是肥胖孩子增加、肺活量下降、近视发生率随着年龄的增大而加大。我们的时代在进步，可我们孩子的身体素质却在“退化”。现实生活中，一些父母的观念和做法，其实就是造成这种退化的根源之一。

没有父母不想孩子好。对子女运动方面的轻视、忽视，自然不能说是父母们存心想拖累孩子。究其原因，无非是没有意识到运动对于孩子的重要性。

极少有孩子天生排斥体育运动，他们的天性中总充满活泼好动的因子。问题是父母的做法，常常将这些因子扼杀在胚胎中。甚至有一部分父母把多学些东西局限在书本知识的范围内，而不认为运动有多么重要。

专家建议

西方传统教育的一个重要核心就是体育。欧美许多知名的学校，都拥有大片的运动场地，如英国伊顿公学可以同时举行 30 多场足球比赛。从小培养孩子对运动的热爱，形成运动的习惯，可以让人终身受益。那么，如何让孩子爱上体育运动？

1. 父母自己要动起来。爱动是人的天性，但运动的习惯却是养成的。父母的言传身教，此时尤为重要。

2. 运动器材要新异。现在的小孩子，受电视广告和娱乐节目的影响甚大，对时尚非常敏感。让运动与时尚挂钩，会使他们对运动兴趣盎然。

3. 使运动变成活跃家庭气氛的一部分。要让孩子像喜欢吃巧克力蛋糕一样地喜欢运动。不妨将每周的例行登山、长跑，与每周动用烤箱烤蛋糕的日子结合起来。

4. 鼓励崇拜偶像。要让孩子对运动保有持久的兴趣，最好在他喜欢的运动领域给他找个偶像。可以收集偶像的正面新闻给他看，让他在爸爸妈妈的帮助下写信、发 E-mail 给偶像，引导孩子在崇拜偶像的同时，也了解偶像身上的恒心和韧性，使偶像的精神成为他投入运动的动力。

5. 持之以恒，随时随地。让孩子坚持运动其实不是一件难事，如果放手孩子自由玩耍，他自己怎么都能达到每天一个小时的运动量。他可以去操场上奔跑，去草坪上打滚儿，去公园追逐蝴蝶。哪怕在室内，孩子也会找到释放能量的机会和方式。

6. 减少孩子看电视和玩电脑的时间。美国儿科学会的建议是两岁以下的孩子不看电视，2 岁以上的孩子一天看电视的时间也不超过 2 小时。把孩子放在电脑前或者电视机前，当然最轻松最省事，但是如果因此培养出一个“沙发土豆”来，父母在未来可能会有更多的麻烦。

教孩子讲卫生

事件看板

李小河今年6岁了，总是不讲卫生，身上弄得脏兮兮的，又不喜欢洗手。每周班里卫生检查，成绩最差的总是他——手黑、头发乱、衣服脏。检查过后，老师常常提醒他：勤洗头，勤洗手，夏天要勤换衣物等，但收效甚微。同学们都嫌他脏，不愿和他打交道，背地里还叫他“小花猫”。因此，小河也没什么朋友，而且一天比一天自卑，劳动、学习、玩耍，样样都无精打采的。

妈妈决定帮助李小河重塑在同学们心中的形象。知道这天又有卫生检查，上学前，妈妈悄悄对他说：“你知不知道大家为什么都躲着你？”看着儿子一脸茫然的表情，妈妈又说，“那就让我们来做个实验吧！我保证，今天，大家对你一定会有新的态度。你愿意吗？”小河高兴地点了点头。妈妈继续认真地说：“孩子，我们一起来洗手。”妈妈一步步地示范洗手步骤，小河跟着妈妈做，先将手淋湿，然后打上肥皂，仔细地把手心、手背、手指、指甲缝儿搓洗干净，最后打开水龙头，将手上的泡沫冲洗干净。手洗完了，妈妈有

些夸张地把手伸到儿子的鼻子前。“干净吗？”“干净。”“香吗？”“香。”“再看看你自己的手。”说完，妈妈轻轻举起小河的手，只见那双黑乎乎的小手已变得白白净净，手上的小水珠在阳光下闪耀着美丽的光彩。

李小河一来到班上，老师便高兴地说：“今天，我发现一位同学的变化特别大，而且他的手是全班最干净的。现在，愿意和他交朋友的同学请和他握握手，好吗？”说完，老师率先走到小河面前，用力地握了握他的手，同学们也呼啦一下围拢过来。小河开心极了。

问题底片

整洁的服装能帮人树立自尊心和自信心。但是，不少家长不太重视教育孩子明白这个道理：衣着不整洁是不符合礼仪的行为。

也有些孩子是因为依赖、懒惰成性，他们意识到父母不能接受自己脏兮兮的样子，更会忍不住动手替自己洗脸、换衣服，所以也就乐得坐享其成。

还有些家长，对孩子不注意个人卫生没有采取具体有效的行动，只是嘴上说说而已，或只是过多地唠叨、敦促。

专家建议

那么，爸爸妈妈应该从哪些方面培养孩子良好的卫生习惯呢？

1. 指导孩子穿着洁净、整齐。

2. 饭前、饭后、便前、便后都让孩子做到洗手。

3. 告诉孩子外出后不要随地吐痰，不要乱扔纸屑，要注意保持公共卫生。

4. 培养孩子良好的卫生习惯，注意不要用责备的语言，而是要以实际行动来感染和影响孩子的行为。

5. 持之以恒，发挥榜样作用。帮助孩子养成良好的生活卫生习惯是一件平凡而细致的工作。爸爸妈妈要持之以恒，坚持一贯地要求孩子，并通过经常性的运用示范、讲解、提示、练习等方法，给孩子以具体的指导和帮助。

孩子不懂礼貌怎么办

事件看板

当赵女士第一次听到她6岁半的宝贝女儿莎莎，骂自己的朋友“笨蛋”“浑球儿”，甚至“狗屎”时，感到非常震惊。自己和老公从不在家里说这些话，所以她实在想不通莎莎是从哪里学来的。这也令她乱了方寸，不知道该怎么办才好。

“莎莎，不要骂人。那样说话不好哦！”莎莎每一次骂人时，赵女士都会这样对女儿说，但似乎都没有用。不久，莎莎居然开始这样骂爷爷和奶奶，这使得赵女士不得不狠下心来惩罚她。但是却没有改掉莎莎骂人的恶习。最后，赵女士试着用另一种方法：她开始在白天更细心地观察女儿做游戏，了解她什么时候玩得开心。“你们能乖乖地在一起玩真的是很棒！”当莎莎和她的堂妹小丽一起玩过家家、为洋娃娃穿衣服时，赵女士特别夸奖了女儿。但是，当小丽试着要把莎莎的娃娃放在蓝色玩具车里时，莎莎再一次大声喊道：“你是大笨蛋啊！你明明知道那是我的车子！”赵女士立刻走过去，以很平静的态度告诉孩子们，游戏暂停，她必须把莎莎带走。然后，她对女儿说：“很抱歉，你骂小丽笨蛋，所以现在是你的暂停时间。等你准备好了，再出来和小丽玩。”

莎莎被隔离，坐在妈妈指定的椅子上。4分钟之后，她便很快地意识到母亲所说的暂停是什么意思——当她骂人时，她的游戏时间将被停止，而且没有人理会她。所以她也明白了，骂人是件不好的事情，

是会受到处罚的。慢慢地，她骂人的次数就越来越少了。

问题底片

孩子表现出一些没有礼貌的行为，跟家长的教育态度和方法有一定的关系。孩子总是以自我为中心来选择行为，而极少考虑他人，这是儿童时期个性发展的共同特点。现在的家长对孩子过于宽松和溺爱，对孩子文化课的成绩看得太重，而对精神、思想、品德的教育却很放松。由于独生子女的缘故，多数家长不在乎培养孩子怎么“做人”，相反却担心他“吃亏”，进而造成了孩子自私自利、以自我为中心的心理。

专家建议

父母首先要改变“学习好则诸事好”的观念和“什么事都由着他”的教育态度。因为一个凡事以自我为中心，做任何事情都不考虑他人、不考虑后果的

孩子，将来在社会上是很难立足的。在观念改变的基础上，父母要以正确的方法给孩子补上礼貌教育这一课。

1. 对孩子进行文明礼貌教育。在和谐的家庭氛围中与孩子交谈，表明父母对礼貌行为支持的态度，以正面的语言表达在以后类似的情境中希望孩子做到什么样子。

2. 给孩子讲一些其他小朋友讲礼貌或不讲礼貌的故事，以间接、隐喻的方式让孩子明白这样的道理：讲求公共礼仪就是尊重他人，尊重他人的人才会受欢迎和被尊重。

3. 在参加聚餐活动时，有意请来一些讲礼貌的小朋友与孩子共同进餐。要知道，同伴对六七岁的孩子有较大的影响作用。

4. 提供相应的书籍给孩子阅读。

5. 避免教育失当。比如“假”礼貌教育的问题。生活当中人们经常看到这样的情景：桌上放着一盘苹果，父母就会为了表现孩子懂礼貌，让孩子把最大最红的拿给长辈；而长辈通常又会把大苹果还给孩子；这时父母往往会教孩子说声“谢谢”，然后心安理得地接受下来。可是久而久之，孩子就会觉得，让就让呗，反正到最后最大最红的那个苹果还是我的。如果有一天，“假”让变成“真”让，孩子没能吃到最大最红的苹果，就会又哭又闹，觉得自己上当受骗了。如果类似的问题屡屡发生，更会导致孩子失去对父母的信任。

6. 培养良好的行为举止。行为举止的良好标准就是“站如松，行如风，坐如钟，卧如弓”，家长主要从站、坐、行以及神态、动作方面提出要求。优美的站立姿态给人以挺拔、精神的感觉，所以要身体直立、挺胸收腹、脚尖稍向外呈V字形，同时还要避免无精打采、耸肩、塌腰等。走路时更要昂首挺胸，肩膀自然摆动，步速适中，防止八字脚、摇摇晃晃，或者扭捏碎步。

7. 教育孩子在待人接物过程中，表现出对人的尊重、理解和善意。例如与人交往要面带自然微笑，千万不要出现随便剔牙、掏耳、挖鼻、搔痒、抠脚等不良习惯动作。

8. 要求孩子使用文明礼貌用语。如“您好”“谢谢”“请”“对不起”“没关系”等。同时父母应身体力行地引导孩子做到态度诚恳、亲切，正确使用文明语言，谈话简洁得体，既不能沉默寡言，也不能啰唆重复。

教导孩子不要打断父母讲话

事件看板

6岁的安安，只要家里的电话一响，在母亲通话期间，他就会提出请求让母亲帮忙，像是倒苹果汁，拿放在高处的玩具，或是问母亲："我们今天要去哪里呢？"每一次当母亲被孩子打断谈话时，她都很想回答儿子的问题，可又不得不尽量和缓地向孩子解释："小宝贝，妈妈现在正在打电话，请你不要打断好吗？"但是安安并没有听进去，一次又一次地打断母亲的通话。有一天，母亲终于忍不住对儿子吼叫："别打断我说话！你真是一个坏小孩！"接着很快地在孩子的屁股上打了一下，好让他闭嘴。结果安安不但没有闭嘴，反而哭闹得更厉害了，于是母亲也没法儿继续打电话了。此后当母亲越是向安安吼叫，安安就越要打断她的谈话。这种恶性循环的关系，终于使母亲恍然大悟，下决心改变这种对立状况。以后她会在安安不吵不闹时多关心他，而不是在被

打断谈话时才想到他。

第二天早上，当母亲的朋友像往常一样打电话来聊天时，母亲决定尝试用另一种新规则，希望能尽量减少安安打断自己通电话的机会。她首先告诉儿子，现在不能和他说话，因为要接朋友的电话，然后交给安安一张拼图游戏。这项游戏对安安来说，特别具有吸引力，因为这是母亲打电话时才能玩的“电话玩具”，所以他玩得十分投入和安静。当母亲挂上电话之后，马上再一次夸奖孩子。“谢谢你没有打断我们的谈话，电话中莎莉阿姨和我在讨论今天晚餐的事。”她继续解释，“阿姨想要做米粉蒸肉。”然后，她又说：“这些是给你准备的彩色笔。下次我打电话时，你就能玩了。”

当电话铃声再响起时，安安和母亲的脸上都露出期待的神色，不再像以前那样不高兴了。“安安，电话响了。你可以玩彩色笔了哦。”母亲对儿子说。安安立即跑去拿来彩色笔，伏在茶几上认真涂画起来。母亲则一边听电话一边满意地看着儿子……

问题底片

小孩子常把父母对自己的关心，当作最昂贵的奖励。当父母接电话或和别人谈话时，他们就会想尽办法引起父母注意。最好的做法是，父母准备一些孩子喜欢的活动与玩具，安排他在这段时间玩，让孩子在父母忙碌时，也因自己有事情做而不再来打扰父母。

专家建议

1. 利用游戏的方法来教导孩子“不要打断别人谈话”是什么意思。父母可以利用两个玩具电话和孩子一起练习，告诉他：“这就是我打电话的样子。当我打电话时，你可以模仿我的样子，玩打电话的游戏。”引导孩子模仿打电话，父母在一旁观看。如此，孩子就知道父母接听电话时，他可以做什么。

2. 制定父母接听电话时的游戏规则。当父母接听电话时，先要安排好孩子的游戏活动。可以一边打电话，一边用表情来体现关心，如对他微笑，让他了解父母仍然十分注意他，也让孩子知道他的表现是那么的棒。在选择玩具和游戏之前，父母必须考虑到孩子对这些玩具的熟练程度，不然他可能还会不时打断父母的谈话，寻求帮助。

3. 对孩子的良好表现及时表扬。能得到父母适当的关心，收到微笑或是赞美等，孩子就不会随意插入父母的谈话。所以，当孩子不吵不闹，不打断父母谈话时，最好能及时夸奖孩子："谢谢你能乖乖地在一旁玩洋娃娃，你能自己玩得这么有趣，妈妈真的很高兴哦。"

4. 让孩子参与父母的生活。在朋友登门拜访时，可以试着让孩子加入成年人的谈话，但要尽量控制孩子打断谈话的机会，要不然他将不断地插入话题，以引起父母和客人的注意。

5. 不要因为孩子打断谈话而生气并大声斥责。父母应该控制情绪，不要让孩子意识到，一旦他用了什么方法，就能打断父母的谈话引起关注。

6. 父母自己做到不要打断孩子或别人的谈话。即使自家的孩子是喋喋不休的"话匣子"，在他拿起电话时，父母也不要随意打断他与朋友间的谈话。这种以身作则的风范，也能让孩子知道父母是说到做到的。

教育孩子不要擅拿不属于自己的东西

事件看板

有一次，张女士带儿子一起去超市购物时，刚上小学的儿子因一时兴起，随手拿走糖果、玩具和其他的东西。“你难道不知道偷东西是不对的吗？难道我没跟你说过吗？”亲眼看见儿子偷拿东西，张女士气愤地打了儿子手心，并且破口大骂他是个坏小孩、小偷。后来，她开始害怕带孩子上街购物或办事，而且也对体罚及责骂儿子的事情感到羞愧，总认为自己对这件事情的发生也应当负责。

经过和儿子的认真交谈，张女士终于了解到，儿子可能不明白，偷拿东西并不是一件好玩儿的事。所以她换了种教育方法，以儿子能明白的口吻解释说：“孩子，你不能不付钱就把东西拿走。”“你想要什么，可以向我提出请求。如果我答应了，我们付了钱之后，你就可以拿走你想要的东西了。让我们一起练习一次好吗？”儿子很高兴地遵守了这项规定。因为，当他按照规定向妈妈提出要求后，张女士不仅称赞他能遵守规定，而且还为他买了他想吃的糖果。

问题底片

在孩子的意识世界中，他们认为每样东西都应该是属于他们自己的，而且会一直如此认为，直到有人纠正他们的错误为止。父母必须教导孩子，在未经许可的情况下，千万不可乱拿别人的东西。对孩子做这样的要求，越早越好。在孩子尚未完全成熟之前，父母就是孩子的指南针。所以，当孩子拿了不属于他自己的东西时，父母一定要让孩子认识到错误和后果，才能使他端正自己的行为。

专家建议

当孩子拿了不该拿的东西之后，家长可以这样做：

1. 父母必须告诉孩子正确行为与错误行为之间的区别，让孩子明白，他不能随心所欲地擅拿不属于自己的东西。比如对孩子说“你可以向我要一块口香糖”，或是“只有我们付钱之后你才可以把这包东西拿走”。

2. 态度需要前后一致。不要今天允许孩子从超市的货架上拿走东西，但是明天又不允许孩子触碰商品。这会使孩子对于何时该拿、何时不该拿感到相当困惑。

3. 让孩子知道什么叫作偷东西。教导孩子让他知道，借与偷之间是有区别的。在告诉孩子“不准偷东西”之前，父母必须先确定，孩子已经了解了这句话的真正含意。

4. 让孩子为偷东西的行为负责，让他了解偷东西所必须付出的代价。可以让孩子做些力所能及的家务事，用以逐渐偿还所偷的东西，或是放弃他心爱的某种物品。可以这样告诉他："很抱歉，你拿了不属于你自己的东西。但是你已经拿了，所以你必须放弃一样你的东西。"孩子所放弃的这样东西，可以日后作为他优良行为的奖品发还给他。

5. 让孩子亲自归还所偷的物品。父母必须让孩子知道，他不能拥有不属于自己的东西，也不能在没得到许可的情况下拿走别人的东西。父母必须坚持，让孩子亲自去归还所拿的物品。如果需要的话，父母可以陪在他的身旁。

6. 立下规定。教会孩子如何向父母申请自己想要的东西，要让他们了解，在公共场所或别人家中什么东西可以拿，什么东西不该拿，并且牢记这些规则。父母通常可以用的基本的规则是——"在你拿东西之前，一定要先问过我"。

怎样给孩子送礼物

事件看板

小琼的每次生日，父母都会送她一份昂贵的生日礼物。次数一多，小琼对父母平时送的礼物就有些司空见惯了。去年小琼过生日这天，爸爸妈妈送给她一套芭比娃娃礼盒。小琼接过礼物时，似乎有些不以为然。

一天，小琼对父母抱怨说："爸爸妈妈，我感觉你们就像蜜蜂，从来不喜欢回家，整天在外面转！"因为经常见不到爸爸妈妈，小琼很生气。

今年小琼过生日那天，妈妈特意去买了一张漂亮的贺卡，她在上面写道："蜂宝宝，爸爸妈妈在外面辛苦采蜜，不能回家，希望蜂宝宝在蜂奶奶的陪伴下，能够开心快乐！"

第二天，爸爸妈妈发现送给女儿的那张贺卡被放在了书桌上。喜欢画画的小琼，在贺卡上画了一间小房子，旁边是小花小草；房前的小路上，三个小人儿牵着手在散步。妈妈翻开贺卡，一串歪歪扭扭的字映入眼帘："蜂爸爸蜂妈妈，别担心，小蜜蜂在家不怕孤独。小蜜蜂爱你们!”爸爸妈妈顿时热泪盈眶。

问题底片

所有家庭，都免不了给孩子送礼物。但大多数家长为孩子选送礼物都是很随意的，很少考虑什么样的礼物才最受孩子欢迎。有的家长甚至以为，送最贵重的礼物就好。当然也有的孩子在对待礼物的态度上存在问题。这主要是由于商品社会拜金潮流的影响，一些孩子看重高档时尚的物品，而对于传统的却具有意义的普通礼物不屑一顾。

专家建议

如何给孩子送礼物是有“学问”的。爸爸妈妈要想恰到好处地给孩子送上心仪的礼物，就要这样做:

1. 根据孩子的喜好送礼物，往往能让孩子欢呼雀跃、心满意足。例如，一位妈妈在六一儿童节的前一天，跑到蛋糕店定做了一个蛋糕。她根据自己孩子的喜好，将漫画、卡通形象和甜食结合起来，从经典的凯蒂猫、加菲猫，到可爱的哆啦A梦、海绵宝宝，这样一个内容丰富精彩的“奇异”蛋糕，让孩子在生日里收获到意外的惊喜。孩子究竟喜欢什么，家长只要稍微留心孩子的生活，便可知道答案。最简单的办法是，和孩子好好交流一番。

2. 重视礼物对于孩子的智力影响。许多成功的家教案例表明，孩子成长的过程也是心智渐开的过程，通过礼物给予孩子智力启发也是很有必要的。女作家格里·诺克斯8岁时，收到了一架不起眼儿的盒式照相机，可正是这架相机使她获得了观察事物的能力；物理学家费曼小的时候，父亲给他买了一套瓷砖作为礼物，让他认识了各种形状和颜色；居里夫人的女儿很小时，居里夫人就给她提供了绘画的颜料、黏土，做模型用的材料和工具，以开发她的空间想象力……虽然这些礼物和名人后来的职业、成就并没有必然的联系，但它们的积极影响是不可否认的。

3. 给孩子送精心自制的礼物更有意义。还有的父母时不时送给孩子“精神礼物”，比如，抽时间和孩子聊天、嬉戏等，这更能让孩子愉悦、满足。总之，礼物不仅限于物品，很多时候，它能表达父母的一片爱心，能带给孩子快乐，还能帮助孩子挖掘智慧、培养兴趣，可谓益处多多。所以，作为父母，给孩子送礼物时，千万不能掉以轻心！

4. 让孩子知道礼物来之不易。要让孩子懂得“礼轻情意重”的道理，知道别人送给自己的礼物，其价值和意义并不在礼物本身，而在于送礼物的人对自己的一份爱心和良好祝愿。许多礼物常常是一种奖励，需要通过孩子自己的努力得来，同时也包含了送礼物者的辛苦，使礼物更具有价值和鼓舞作用。

5. 礼物宜少而特别。孩子很多时候对一样东西只图个新鲜，时间久了，便会喜欢上另一样东西。如何让孩子记住这份礼物？“特别”就显得很重要。“特别”不仅指礼物本身，也可以指赠送的方式，比如事先询问孩子最想要的礼物，可以让孩子自己攒钱或者“挣钱”，然后让他自己去买。这样，才能使孩子更加珍惜这份来之不易的礼物。

6. 让孩子参与挑选礼物的全过程。父母和孩子毕竟是不同的个体，父母觉得好的，孩子也许并不喜欢，彼此都有些委屈。现在的孩子真是太幸福了，这使他们对“给予”缺了点儿敏感。所以挑选礼物的过程不妨让孩子参与，从中孩子更能体会父母的良苦用心。所以，多一点儿沟通多一点儿认同，才能使双方更珍惜感情。

引导孩子用好压岁钱

事件看板

今年春节，王女士6岁的儿子一共收到3000多元压岁钱。有一天，王女士收拾儿子房间时发现，存放在抽屉里的1000多元压岁钱只剩下了20元。王女士急忙叫来儿子询问压岁钱的下落，这才知道，春节刚刚过去半个月，1000元压岁钱已经基本被儿子花光了。儿子告诉妈妈，自己用这笔钱购买了玩网络游戏用的点卡和零食等。得知这些压岁钱的去向后，王女士感到既痛心又生气，自己收入不多，平时节衣缩食，花钱从未如此大方；把压岁钱交给儿子管理，本意也是想锻炼儿子的理财能力，想不到却适得其反。

问题底片

随着经济日益繁荣，百姓物质生活水平的直线上升，年年春节走亲访友过后，不少孩子都因拿到数目可观的压岁钱，变成了一个个小小“富裕户”。有时春节还没过完，各家娱乐、购物等消费场所就迎来了众多学生族。他们身揣压岁钱，花起来多了几分随心所欲，少了一些理性消费。如何让压岁钱合理支配，已越来越成为一个颇受社会各界关心的热门话题。

对于孩子随心所欲支配压岁钱，不少家长表示，既担心孩子由此养成花钱大手大脚的毛病，又感到对此无计可施。“现在的孩子，在物质生活上攀比的现象很普遍。看见同学吃的、穿的、用的比自己的好，就吵着买这买那。可平时我们很难一一满足这些要求。压岁钱拿到手，孩子索性借机花个够。我们想干涉，可遭到孩子强烈反对，也只能放任自流。”一位妈妈无奈地表示。据调查，持有这种想法的家长不在少数。因而，正确引导孩子管好、用好压岁钱，是每一位家长应尽的责任。

专家建议

如何让压岁钱花得有意义，可参考以下几种方法：

1. 指导孩子把压岁钱存入银行，到需要时再提取。这样，既能帮助孩子学会存、取款，又能使他们明白积少成多的生活道理。

2. 鼓励孩子用压岁钱购买一些学习用品，如建议他们去逛书店，选购自己喜欢的课外读物。

3. 引导孩子向长辈表孝心。长辈给孩子压岁钱，表达的是对下一代的关爱。反过来，父母也要教育孩子从小懂得回报。可以引导孩子用压岁钱买一些礼品去看望长辈，送上一份孝心。

4. 可以给孩子买一份保险。这是一种长远的投资，为孩子买一份保险，也是为孩子的幸福着想，为全家幸福增添有力的保障。

5. 教育孩子开学后积极参加学校组织的“手拉手”活动，用压岁钱帮助贫困伙伴解决读书难的问题，使他们养成乐于助人的良好品质。

6. 设立小账本。现在孩子的压岁钱数目较大，父母不妨与孩子协商，使用小账本将压岁钱的收支情况记清楚，比如书费、购买文具等。这样孩子既能学会理财，也能养成把钱用在该用的地方的好习惯，同时更培养了孩子的自理能力，使他们懂得钱来之不易。

如何给孩子过生日

事件看板

冉冉下个星期就要过7岁生日了，她早就计划着在比萨店庆祝自己的生日，因为那样感觉很风光。

冉冉妈妈知道，去一次比萨店要花很多钱，于是就和冉冉讨论生日聚会的细节："妈妈知道，在比萨店庆祝生日一定很有意思。但和你最喜爱的人一起庆祝生日，本身是不是更有意义呢。"

接着，冉冉妈妈告诉女儿，她的生日聚会不必搞得和她的朋友一样奢华，相反，独特的生日聚会更能给小伙伴们留下深刻的印象。最后妈妈建议冉冉，

自己做一回主人，在家里好好款待她的小客人。

冉冉生日的那天晚上，妈妈在家里主持召开了一个别开生面的“生日晚会”。音箱里播放着《祝你生日快乐》的乐曲，爸爸把一个小小的生日蛋糕摆在圆桌的中央，插上7根五颜六色的小蜡烛。当宣布“生日晚会”开始时，妈妈关闭了房间里的电灯，爸爸同时点燃了蜡烛。“啊！太棒了！”冉冉和小伙伴们都情不自禁地蹦了起来。

问题底片

如今的孩子因为大都是独生子女，所以到了他们过生日的时候，家长就会显得格外重视。但是有许多家长对孩子的生日却是大操大办，不仅欢迎孩子的同学全部都来，甚至给自己的朋友、同事、亲戚全都下帖子。结果使得不少孩子认为，过生日就是爸妈给自己做好吃的、买名牌的礼物，还有直接送红包的。这就在无形中助长了孩子虚荣心的加速膨胀，对他们以后的身心发展是非常有害的。

专家建议

一家一个孩子，一年一个生日，这一天需要精心打造，因为它不光是孩子的节日，更会是父母的宝贵记忆。但是，要把每一个生日都过得快乐、过得难忘、过得有意义，却不是一件容易的事。孩子总是希望让自己的生日聚会像小伙伴的一样风光，但父母却应该让一切庆祝简单化，并更具有纪念意义。不过满足孩子的虚荣心需要一些小技巧：

1. 赠送生日礼物表示祝贺。礼物不要太昂贵，关键是要根据孩子的年龄特点，选择那些既符合孩子兴趣爱好，又对孩子智力开发有一定促进意义的物品，比如可赠送文具（笔、书）、棋类、建筑积木等。

2. 生日游。生日时，父母可带孩子外出游玩，最好选择孩子向往已久的地方，如公园、动物园等。

3. 给孩子照张相，留作纪念。每年在孩子生日时为他照张相，日后等他长大了观看自己童年的成长记录，也是挺有意思的事情。

4. 让孩子当回小主人，邀请小朋友来家里做客。吃点心、玩有趣的游戏，还可以表演节目，让孩子们一同沉浸在欢乐的气氛中。

5. 进行人生成长教育。过生日时，父母不妨告诉孩子：“你又长大一岁了。”可以为孩子量量身高，称称体重，并做好记录；同时，帮助孩子总结过去一年的进步，提出新的要求。根据当前许多年轻父母的体会，抓住生日这个机会，采用适当的方式对孩子进行教育，往往可以起到事半功倍的效果。

总之，在生日那天，应该让孩子成为庆祝活动的主角；同时，又要让孩子体会到父母的关爱和期望。也就是说，把生日庆祝不仅看成是孩子的活动、祝愿的活动，而且要变成以孩子为中心的一次难得的教育活动。

正确引导孩子的审美行为

事件看板

丁女士的女儿才 2 岁多时，就知道穿上一件新衣服以后，一定要到镜子前面照一照了。现在她已经 6 岁多了，常常自作主张，找出自己喜爱的衣服来换。到了节假日，她还会提出让妈妈给她抹一点儿口红，再扎上两个漂亮的蝴蝶结。爸爸常皱着眉说：“小孩子不能太臭美。心思都用在打扮上，将来读书都读不好。”可是丁女士在女儿期盼的目光中，每每还是依了孩子。

有一天，女儿突然哭着嚷着不要去上学了。丁女士走到她的身边，轻声询问：“怎么了，告诉妈妈好吗？”女儿带着哭腔说：“我的漂亮衣服没有干，这件衣服也不好看。”丁女士恍然大悟，然后对她说：“你今天穿的衣服真干净，妈妈认为很漂亮。”女儿用怀疑的大眼睛瞅了丁女士一下。丁女士微笑着对她点点头，“妈妈认为，今天你穿的衣服真的很干净！很漂亮！”得到妈妈的肯定，女儿这才停止了哭泣，转身上学去了。

问题底片

许多家长发现，孩子上学后变得越来越“臭美”了。有一位家长说，她的女儿今年才 7 岁，就偷偷买了口红、眼影，学着明星的样子化妆；前几天甚至提出要扎耳洞。一位男孩的妈妈也说，她的儿子现在经常花很多时间鼓捣头发，并照着某位歌星的样子把头发一根根地竖起来，说这样才够酷。他们对孩子的这些做法都很担忧。

其实，从孩子的心理特点看，女孩子化妆、男孩子扮酷都属于正常现象。所以，家长不必担心。首先，孩子上学后，产生了强烈的自我关注，主要表现为关注自己的形象，强烈渴望了解自己的体貌，并喜欢在镜中研究自己的相貌、体态。其次，孩子对外界事物非常敏感，容易追赶时髦、效仿明星。女孩学着明星化妆，渴望自己也像明星一样耀眼，体现了她对“理想自我”的追求。最后，性意识慢慢觉醒，许多孩子开始关注自己在异性眼中的形象问题。有个女孩子就说，有时候头发弄乱了，如果当时只有女同学在场，她就不会觉得紧张；可如果被男同学，尤其是优秀的男生看到了，自己就会觉得很丢脸。

“臭美”是孩子成长过程中的一种阶段性现象，家长应以开放的态度来接纳这些变化，并及时给予正确的引导。首先，父母应该感到高兴，因为爱美说明孩子长大了，自我意识增强了，所以在经济条件允许的情况下，适当地把孩子打扮漂亮一点儿，有助于增强他们的信心。其次，家长要重视孩子对自我形象的认可度，尤其是女孩子，常常按流行的标准评价自己的形象，这时家长要教孩子学会接纳自己，坚信自己在父母眼中永远是美丽的。

俗话说，“爱美之心，人皆有之。”那么，什么是美呢？美，既是为了自怡，也是为了怡人。人们都喜欢美的事物，是因为美能陶冶情操，也能提升自信。而且，欣赏美是不分国度、不分性别、不分年龄的。父母在日常生活中要正确引导孩子，让孩子获得美的认识，美的享受。

专家建议

爱美本身是无可厚非的。但是倘若孩子过分地刻意打扮、追求漂亮，这就要另当别论了。家长应该怎样教育和打扮孩子呢？

1. 应该教育孩子正确区分什么是美。新的、艳丽的衣服是美，而旧的、整洁的衣服也是美；衣服再漂亮，如果不注意保持卫生，穿着邋遢也就不美了。另外，还要告诉孩子，穿衣服的主要目的是保护身体——冬天要穿暖和，夏天穿得要凉快；穿在身上要感觉舒适，便于活动；太窄、太瘦的衣服和鞋袜不要穿，孩子正在长身体，不能因为单纯追求美、时髦而损害身体健康。

2. 父母在给孩子打扮时，要尽可能考虑孩子的年龄特点与个性特征，尽量体现孩子的自然美与健康美，同时避免不必要的伤害。比如让孩子烫发会令头发发黄变脆失去天然光泽；让孩子穿紧身衣裤不仅妨碍发育，活动也会受限制，同时还会影响皮肤呼吸和汗腺排泄，有害无益。此外，还应教育孩子不挑拣衣服，好次新旧一样穿，从小养成衣着整洁朴素、不随便弄脏衣服的好习惯。

3. 逢年过节、走亲访友或是孩子登台表演节目时，适当精心地打扮一下孩子是应该的，也是必要的，可以让天真活泼的孩子愉快地度过一段欢乐的美好时光。

4. 要反复告诉孩子：不要比看谁穿得漂亮，而是要比看谁爱整洁、讲卫生、爱劳动。还要告诉他们，戴耳环和戒指是大人的事，对小孩不适合，因为他们的手指还在不断成长变粗，可戒指又不能跟着变粗，一旦箍在手指上脱不下来，那多危险啊！抹口红也不能随便用什么都行，因为一些不符合质量标准的口红含铅等重金属，涂在嘴上随食物吃进肚子里就会后患无穷。

5. 父母要以身作则，不过分刻意打扮自己。对孩子提出的非分要求，做父母的也不能一味迁就，应当及时制止并加以正确引导。